自治体財政

Q&A

なんでも質問室

制度や法だけではわからない
財政の基本から財政運営、自治体経営の悩みに答える

松木茂弘［著］

JN039322

学陽書房

本書は自治体の財政担当者が仕事をするうえでの悩みごとに答えるため、財政の基本的なことや財政運営、自治体経営についてQ&A形式でまとめています。

はじめに

　聞くに聞けないことって意外と多いものです。特に、財政担当の職務を命じられた職員は、日々の業務に忙殺されますので、自分の時間を作ることができず、わからないことを後回しにしてしまうことが多々あると思います。それでなくても、職場では仲間や上司からは「わかってるよね」という目に見えないプレッシャーを受けて仕事をしています。知らないことを知らないと言えず、知ったかぶりをして仕事を進めざるを得ないこともあるでしょう。私も長い間、財政担当をする中で同じ思いをした経験があります。

　この本は、そのような財政担当職員を応援する意味で108のQ & Aの形で悩み事に対する答えをまとめています。奇しくも煩悩の数と一緒になりましたが、財政の基本、財政運営といった財政分野だけにとどめず、関連する自治体経営にも範囲を広げて関連するところを取り込んでまとめています。ただ、すべての悩み事に対応できていないので皆さんの悩み事解消につながらない部分もあると思います。また、回答では概要を簡単にまとめていますので、踏み込みが足りない部分はお許しいただきたいと思います。その部分は、業務を行う中で自ら深く追究してほしいと思います。なお、答えをまとめる中では、制度や法律だけでは読めない実務上の観点からの考え方も含めています。ここは私の経験と兵庫県川西市の取組みをもとにしていますので、業務を行う上で参考にしていただければと思います。

　47都道府県、1,718市町村、23東京都特別区の自治体の仲間は、人口減少社会が本格化していく中でこれまで以上に厳しい資源制約のもと、

住民サービスの向上につながる行政経営を模索していかなければなりません。これまでの地方財政制度では対応できないことも出てくるでしょうし、職場に伝わる口伝とか経験則では対応できないことが多々あると思います。この難局を突破するには、これまでのように国に要望しているだけでは解決できない部分が多くなってきます。自らが考え知恵をしぼり新しい道を切り開いていくことが必要です。地方財政制度は個々の自治体の努力だけでは変えていくことはできませんが、運用の仕方の部分ではいろいろな工夫ができます。職員は、常に知識をアップデートしながら新しい工夫にチャレンジして課題を一つひとつ解決していく姿勢が必要です。その意味でこの本が皆さんをサポートするものになれば幸いです。

　最後に、本書は企画から編集に至るまで学陽書房の川原正信氏に、遅筆の私をあたたかくサポートしていただいたことに、心より御礼申し上げます。

2023年11月

松木　茂弘

目　次

第1編　財政の基本

第1章　財政・予算

第2編 財政運営

第3編　自治体経営

第1編

財政の基本

第1章　財政・予算

Q1 ▶ 予算とは何か

予算というコトバをよく聞きますが、そもそも予算とはどのようなものでしょうか。また、歳出予算といったり、補正予算といったり、いろいろな呼ばれ方をしているようにも思いますが、どういったものなのでしょうか。

予算とは、地方自治体の行政サービスに関しての期間を定めた財政活動計画です。あわせて、住民が知事、市町村長（以下、「首長」とします）の財政活動をコントロールするために編成されるものです。地方自治法において、次の予算原則が定められています。

① 総計予算主義の原則：歳入と歳出すべてを予算に計上しなければならないという原則

② 単一予算主義の原則：歳入と歳出を計上する予算は1つでなければならないという原則

③ 予算事前議決の原則：会計年度が始まるまでに議会によって議決されなければ執行できないという原則

④ 会計年度独立の原則：年度の歳出はその年度の歳入で賄わなければならないという原則

⑤ 予算公開の原則：予算に関する情報が住民に公開されていなければならないという原則

また、予算は単なる金銭の見積もり計画ではなく、拘束力をもつ見積書となります。つまり、予算は行政サービスの執行機関である首長が決定機関である議会に対する財政権限の許可を要請するための文書であり、議決があれば議会から首長への財政執行権限が付与される拘束力のあるものとなります。

図表 1 - 1　予算の内容

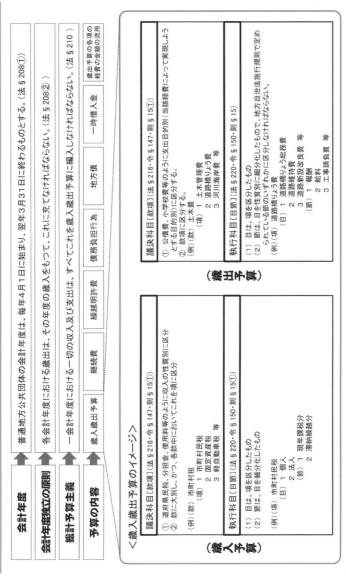

会計年度　普通地方公共団体の会計年度は、毎年4月1日に始まり、翌年3月31日に終わるものとする。（法 §208①）

会計年度独立の原則　各会計年度における歳出は、その年度の歳入をもって、これに充てなければならない。（法 §208②）

総計予算主義　一会計年度における一切の収入及び支出は、すべてこれを歳入歳出予算に編入しなければならない。（法 §210）

予算の内容　歳入歳出予算｜継続費｜繰越明許費｜債務負担行為｜地方債｜一時借入金｜歳出予算の各項の経費の金額の流用

＜歳入歳出予算のイメージ＞

（歳入予算）

議決科目［款項］（法 §216・令 §147・則 §15①）
① 道府県民税、分担金、使用料等のように収入の性質別に区分
② 款に大科目、かつ、各款項においてこれを項に区分

（例）（款）市町村税
　　　（項）1　市町村民税
　　　　　 2　固定資産税
　　　　　 3　軽自動車税　　等

執行科目［目節］（法 §220・令 §150・則 §15①）
(1) 目は、項を区分したもの
(2) 節は、目を細分化したもの

（例）（項）市町村税
　　　（目）1　個人
　　　　　 2　法人
　　　　（節）1　現年課税分
　　　　　　 2　滞納繰越分

（歳出予算）

議決科目［款項］（法 §216・令 §147・則 §15①）
① 公債費、小学校費等のように支出目的別（当該経費によって実現しよう
　 とする目的別）に区分する。
② 款項に区分する。

（例）（款）土木費
　　　（項）1　土木管理費
　　　　　 2　道路橋りょう費
　　　　　 3　河川海岸費　等

執行科目［目節］（法 §220・令 §150・則 §15）
(1) 目は、項を区分したもの
(2) 節は、目を性質別に細分化したもので、地方自治法施行規則で定め
　 られている節のいずれかに区分しなければならない。

（例）（項）道路橋りょう費
　　　（目）1　道路維持費
　　　　　 2　道路新設改良費　等
　　　（節）1　報酬
　　　　　 2　給料
　　　　　 3　工事請負費　等

（出所：総務省 HP より）

なお、予算の内容は、地方自治法で次の七つに厳格に規定されています。

　①歳入歳出予算

　②継続費

　③繰越明許費

　④債務負担行為

　⑤地方債

　⑥一時借入金

　⑦歳出予算の各項の経費の金額の流用

　この中で予算の中心となるのが①歳入歳出予算です。歳入予算にあってはその性質にしたがって、「款」に大別し、次いで「項」に区分されます。歳出予算は行政サービスの目的にしたがって、「款」及び「項」に区分することになっています。さらにその下に「目」と「節」の予算科目が設けられています。このうち議会の議決対象となるのは「款」と「項」であり、これらを議決科目といい、「目」以下は執行科目と呼んでいます。役所の中では行政サービスの費用が計上されているのがこの①歳入歳出予算の歳出予算になってくるため、仕事をする上での呼び方として「歳出予算」という表現が多用されています。

　一方、補正予算という言葉も最近よく使われています。予算は、予算原則に基づいて年度開始前に議決されるように編成されますが、４月からの新年度開始後にその予算を変更しなければならない要素がでてきた場合に、首長が変更する内容を決めて予算を追加・減額し、議会に提案するものを補正予算と言います。これも当初予算と同様に議会の議決によって予算執行が可能になります。補正予算が編成される事例では、地震や風水害などの災害対応、国の経済対策に伴うもの、コロナウイルスなどの感染対策などがあります。

Q2 ▶ 予算の重要度

「予算が大事」ということを良く聞きます。予算は行政の設計書とも言われたりもしていますが、予算にはどのような役割があり、何を表すものなのでしょうか。

　予算は、議決があれば議会から首長への財政執行権限が付与される拘束力のある文書です。言い方を変えれば、議決されなければ新年度の行政サービスができなくなります。それだけにしっかりと予算を編成して議会に説明し、議会の議決（住民合意）を得ることが求められます。仮に、年度開始までに議決がされない場合は、4月から議決がされるまでの間の暫定予算を編成して新年度を迎える必要があります。

　また、総計予算主義の原則のとおり、全ての行政サービスの費用を計上します。職員の人件費、行政サービスにかかる経費、光熱水費、借入金の返済、各種団体への補助金などです。あわせて複数年で実施する工事などは継続費として、また、将来の債務を負担するような約束をする場合も債務負担行為として予算を編成します。行政サービスに直結する内容をお金で表した計画書で最も重要な役割を担います。

　一方、予算の提案権は首長にあります。年間を通じてすべての行政サービスを網羅して議会に提案しなければなりません。あわせて、赤字予算（歳入＜歳出）は提案できませんので、歳入の範囲内での歳出予算を編成することが必要です。したがって、あれもこれもと行政サービスをむやみに拡大する予算は編成できませんので、限られた財源の中で行政サービスを選択して編成することが求められます。首長のサービス選択の良否やお金の使い方について議会で審議されることになりますので、その意味でも予算は自治体運営の中で最も重要なものとなります。

Q3 ▶ 税収を上回る支出

私の市では税収だけでは支出をまかなえていません。税収の他にも補助金や交付金といった色々な収入（歳入）があり、これらでまかなっている状態です。なぜ税収以外の収入があり、それが認められているのでしょうか。

大きく二つの要素があります。

一つは、国と地方自治体の事務配分を国が法律で決めている部分があるため、その事務配分に沿って財源の配分が決められています。それが国庫支出金などの支出金です。国と地方自治体が一緒になって事務を分担しているため、国の税収からの財源移転（国→地方自治体）が行われます。

二つは、国と地方自治体の財政調整です。国・地方全体の行政サービスは、概ね、国が44％、地方自治体が56％の費用負担をしています。一方で、それを賄う税収は国が62％、地方自治体が38％です。このミスマッチを調整する必要がありますので、国と地方の財源の垂直的調整が行われています。また、1,718ある市町村の税収は、均一ではなく税収の豊かなところとそうでないところがあります。一方で、地方自治体の行政サービスには、どの自治体も標準的なレベルで行う必要があるものがあります。そのため団体間の水平的な財政調整が行われています。

この垂直的・水平的財政調整の役割を地方交付税が担っています。したがって、地方自治体の歳入には税収以外の補助金、地方交付税などを収入して歳出を賄っているところです。

Q4 ▶ 増大する社会保障費の国の負担

> 　社会保障を現場で担っている地方自治体からみて、増大し続ける社会保障費をどこまで国が負担してくれるのか心配です。国の財政も余裕がないように思いますが、どうなるのでしょうか。

　国が制度設計した社会保障制度においては、制度設計時に国と地方自治体の財源における役割分担を決めることになります。そのうち、地方が負担する部分は、地方財政計画の歳出側においてマクロでの財源保障が行われます。一方、個々の自治体は、地方交付税（普通交付税）の基準財政需要額に所要額を算入することでミクロの財源保障がされることになります。増嵩する社会保障経費を今後も国が負担してくれるのかは、地方自治体として心配なところですが、法律、国の予算編成、地方財政計画、地方交付税（普通交付税）の算定においてマクロ、ミクロ両面での財源保障がされることになるので、国の財政に余裕があるかないかに関係なく財源保障はされます。

　仮に国の財源が大幅に不足する場合は、増税（社会保障制度の場合、現行では消費税の増税が有力）、サービス水準の見直し、受益者負担の見直しが行われることになります。いずれも法律、国の予算編成で議論されて決定されることになります。一方、地方自治体が子育て支援など単独事業としてサービスしている社会保障制度部分は、地方交付税の基準財政需要額では財源保障されませんので、留保財源対応になります。ここはそれぞれの地方自治体の体力によって対応できるかどうかが分かれてくるものと思います。

Q5 ▶ 予算の専決処分

> 新型コロナウイルス感染対策として補正予算を専決処分した、という話しをいろいろな自治体から聞きましたが、そもそも専決処分とはなんでしょうか。

　地方自治体の予算は、首長が編成し議会に提案して議決を得ることが地方自治法で規定されています。首長は、実施する行政サービスの内容を費用としてまとめて民意の統制をうけることになります。これは、年度初めに編成する当初予算でも年度途中の変更をする補正予算でも同様です。一方で、地方自治法には例外として民意の統制を受けないで首長が予算を決定できる仕組みを規定しています。これが専決処分です。

　災害への対応やコロナウイルスなどの感染対策で急を要する事案が発生した時に、議会を招集し補正予算の審議、議決をとる時間的余裕がない場合に、首長が補正予算の決定することができるものです。したがって、議会が開催されているときは専決処分ができず、補正予算を開会中の議会に提案し審議・議決を得ることになります。また、議会との調整事項となりますが、補正予算の専決処分をする場合は事前に議会側との調整をしてどのような内容を専決処分するのかを知らせておくことが望ましいです。これは法の趣旨からして専決処分はあくまでも例外措置ということを前提にしています。

参考

地方自治法

第百七十九条　普通地方公共団体の議会が成立しないとき、第百十三条ただし書の場合においてなお会議を開くことができないとき、普通地方公共団体の長において議会の議決すべき事件について特に緊急を要するために議会を招集する時間的な余裕がないことが

明らかであると認められるとき、又は議会において議決すべき事件を議決しないときは、当該普通地方公共団体の長は、その議決すべき事件を処分することができる。

② 略

③ 前二項の規定による処置については、普通地方公共団体の長は、次の議会においてこれを議会に報告し、その承認を求めなければならない。

④ 前項の場合において、条例の制定若しくは改廃又は予算に関する処置について承認を求める議案が否決されたときは、普通地方公共団体の長は、速やかに、当該処置に関して必要と認める措置を講じるとともに、その旨を議会に報告しなければならない。

Q6 ▶ 15か月予算の編成

　経済対策などで15か月予算を編成した、ということを聞くことがありますが、実際にはどのような目的で、どのように編成するのでしょうか。

　予算は、単年度原則に基づき、4月から翌年の3月末までのすべての歳入・歳出の経費を予算として計上することが原則になります。したがって、公式には15か月予算という言葉はありません。では、なぜそのようないい方をするかですが、景気対策などで単年度原則を超えて、翌年度にまたがる予算を編成することがあるからです。

　国の経済対策などは国の当初予算編成後に景気の悪化や災害などの緊急事態に対応するために年末に向けて政府が閣議決定をして補正予算が編成されます。当然補正予算は国会に提出され、国会審議を得て成立します。12月ごろに閣議決定された補正予算は年明けの通常国会に提出され、その後、国会議決を受けます。議決を受けると国の予算として執行段階に入ります。国の予算は、国が直接執行するものと地方自治体への補助金として間接執行するものとがありますが、後者の地方自治体への補助金になれば、地方自治体側でも予算化が必要です。この時期であれば2月もしくは3月に議会に提案する新年度予算と同時に当該年度の補正予算として編成することで対応することになります。議会の方で補正予算だけ早々に議決されたとしても年度内の残すところわずかの日数になるため予算執行はできません。そのため、実質は翌年度（新年度）に繰り越して予算の執行を行うことになります。したがって、年度内の1月2月3月を新年度予算にプラスして15か月予算という表現で呼ぶことが多くなっています。図表1-2は、平成10年から令和4年までに行われた経済対策の内容になっています。ほぼ毎年度経済対策が出されていますので、それに応じて地方自治体の15か月予算は、ほぼ毎年行われて

いることになります。

図表1-2　経済対策一覧

```
 1   総合経済対策 ( 平成10年 4 月24日 )
 2   緊急経済対策 ( 平成10年11月16日 )
 3   経済新生対策 ( 平成11年11月11日 )
 4   日本新生のための新発展政策 ( 平成12年10月19日 )
 5   緊急経済対策 ( 平成13年 4 月 6 日 )
 6   改革先行プログラム ( 平成13年10月26日 )
 7   緊急対応プログラム ( 平成13年12月14日 )
 8   早急に取り組むべきデフレ対応策 ( 平成14年 2 月27日 )
 9   当面の経済活性化策等の推進について－デフレ克服の取組加速のために－ ( 平
     成14年 6 月17日 )
10   改革加速のための総合対応策 ( 平成14年10月30日 )
11   改革加速プログラム ( 平成14年12月12日 )
12   成長力強化への早期実施策 ( 平成20年 4 月 4 日 )
13   安心実現のための緊急総合対策 （平成20年 8 月29日）
14   生活対策 （平成20年10月30日）
15   生活防衛のための緊急対策 （平成20年12月19日）
16   「安心実現のための緊急総合対策」、「生活対策」及び「生活防衛のための緊急対
     策」のポイント （平成21年 3 月）
17   経済危機対策 （平成21年 4 月10日）
18   昨年来の経済対策と効果 （平成21年 7 月）
19   緊急雇用対策 （平成21年10月23日）
20   明日の安心と成長のための緊急経済対策 （平成21年12月 8 日）
21   新成長戦略実現に向けた 3 段構えの経済対策～円高、デフレへの緊急対応～ （平
     成22年 9 月10日）
22   円高・デフレ対応のための緊急総合経済対策～新成長戦略実現に向けたステッ
     プ 2 ～ （平成22年10月 8 日）
23   平成23年度補正予算の効果
24   円高への総合的対応策～リスクに強靭な社会の構築を目指して～ （平成23年10
     月21日）
25   日本再生加速プログラム ～経済の再生と被災地の復興のために～ （平成24年11
     月30日）
26   日本経済再生に向けた緊急経済対策 （平成25年 1 月11日）
27   好循環実現のための経済対策 （平成25年12月 5 日）
28   地方への好循環拡大に向けた緊急経済対策 （平成26年12月27日）
29   未来への投資を実現する経済対策 （平成28年 8 月 2 日）
30   安心と成長の未来を拓く総合経済対策 （令和元年12月 5 日）
31   新型コロナウイルス感染症緊急経済対策～国民の命と生活を守り抜き、経済再
     生へ～ （令和 2 年 4 月 7 日、令和 2 年 4 月20日変更）
32   国民の命と暮らしを守る安心と希望のための総合経済対策 （令和 2 年12月 8 日）
33   コロナ克服・新時代開拓のための経済対策 （令和 3 年11月19日）
34   コロナ禍における「原油価格・物価高騰等総合緊急対策」 （令和 4 年 4 月26日）
35   物価高克服・経済再生実現のための総合経済対策 （令和 4 年10月28日）
```

（出所：内閣府 HP より）

Q7 ▶ 国家予算の編成と自治体の予算編成の関係

国のスケジュールとそれに合わせた自治体の予算編成のスケジュールの関係や調整がよくわからないのですが。

国の予算編成と地方自治体の予算編成スケジュールの関係は、図表1-3のようになっています。

まず、国の予算編成は概ね毎年、表の左側のように行われます。6月中旬に閣議決定される「経済財政運営と改革の基本方針」所謂、「骨太の方針」からスタートし、7月に新年度予算の全体像が示され、概算要求基準が閣議了解されると各省庁が予算編成に入ることになります。財務省への概算要求提出が8月末になるため、各省庁の予算編成は7月8月がメインになってきます。

一方の自治体側も、表の右側に記載しているように、国の動きに合わせて、概ね7月、8月から次年度の予算編成準備に入ります。8月末に総務省から地方税や地方交付税算定の方向性を示す地方財政収支の仮試算がだされますので、それをもとに、まずは財政収支推計を試算し、10月からの予算編成作業に入ります。12月下旬には、政府予算案が閣議決定され、地方財政計画も示されますので、それに基づいて自治体側も歳入歳出予算を精査し、年明けの議会への議案提出に向けて最終の仕上げに入ります。

概ねこのように国と地方は連動して予算編成を行うことになりますが、留意しなければならないのは国がかなり早い段階から動きますので、特にハード事業で新年度の補助金を前提にするものがある場合、省庁によっても違いはありますが、毎年6月ぐらいに新年度の事業量調査が行われます。その際に手を挙げていなければ、国の予算編成が固まる秋ではエントリーできなくなってしまいます。したがって、自治体側も投資事業については早い段階で意思決定しておく必要がでてきます。また、

図表1－3　予算編成における国・地方の動き

月	日	内閣府・財務省の動き	総務省・地方自治体の動き
6月	中旬	経済財政運営と改革の基本方針●●(内閣:閣議決定)	
7月	上旬	令和●年度内閣府年央試算(内閣府:経済財政諮問会議提出) 令和●＋1年度予算の全体像(経済財政諮問会議) 令和●＋1年度予算の概算要求に当たっての基本的な方針について(財務省:閣議了解)	令和●＋1年度の地方財政措置についての各府省への申入れ概要(総務省)
8月		各府省概算要求	令和●＋1年度の地方財政の課題　令和●＋1年度地方財政収支の仮試算概要(総務省)
	31	概算要求提出期限(財務省)	自治体予算編成準備
9月	上旬	令和●＋1年度一般会計概算要求・要望額等(財務省)	
10月		財務省予算編成	自治体予算編成方針
11月	下旬	令和●＋1年度予算編成の基本方針(内閣府:閣議決定)	予算要求
12月	24	令和●＋1年度予算政府案	予算編成
1月	上旬	国会審議	令和●＋1年度地方財政対策のポイント及び概要(総務省)
	下旬	国会へ議案提出　令和●＋1年度予算、財政投融資計画の説明	令和●＋1年度地方税改正・地方税務行政の運営に当たっての留意事項等(総務省)
2月	上旬		令和●＋1年度の地方財政の見通し・予算編成上の留意事項等(総務省) 令和●＋1年度地方団体の歳入歳出総額の見込額・地方財政計画(総務省)
			自治体予算審議会提案
3月	月末	予算成立	議会審議
4月	1	令和●年度予算執行に関する手続き(財務省)	自治体予算成立

先の質問であったように経済対策への対応も出てきます。経済対策は景気の動向や災害の発生によっては、スケジュールに違いがありますが、経済対策としては秋から年末にかけて閣議決定されることが多くなっています。その場合、国の新年度予算編成から当該年度へ前倒しして補正予算になることがあります。その意味では12月から1月にかけては、国も地方もかなり輻輳して作業を行うことになってきます。

Q8 ▶ 地方財政計画

年末に国から出される地方財政計画はどのようなもので、どんな役割があるのでしょうか。

まず、地方財政計画は、地方交付税法第7条の規定に基づき作成される地方団体の歳入歳出総額の見込額に関する書類であり、国会に提出するとともに一般に公表するものなっています。法では、地方団体の歳入歳出総額について、次のように見込み額を算出するように規定しています。これで地方全体の財政規模が明らかになるとともに、歳入の不足額も決まります。この地方財政の収支不足額に対する財政対策を決定する際に、地方交付税財源との調整が行われます。地方財政計画で決まる内容は、国の当初予算案と連動して国会に提出されますので、地方財政全体への財源対策が確定するものとなります。

なお、地方交付税総額はこのように全体の地方財政の収支不足額と地方交付税財源の調整で決まるものであり、個々の地方自治体の財政収支不足額の積み上げで決まるものでない仕組みになっていることが大切な部分です。

参考

地方交付税法

（歳入歳出総額の見込額の提出及び公表の義務）

第七条　内閣は、毎年度左に掲げる事項を記載した翌年度の地方団体の歳入歳出総額の見込額に関する書類を作成し、これを国会に提出するとともに、一般に公表しなければならない。

一　地方団体の歳入総額の見込額及び左の各号に掲げるその内訳

　イ　各税目ごとの課税標準額、税率、調定見込額及び徴収見込額

ロ　使用料及び手数料

　　ハ　起債額

　　ニ　国庫支出金

　　ホ　雑収入

　二　地方団体の歳出総額の見込額及び左の各号に掲げるその内訳

　　イ　歳出の種類ごとの総額及び前年度に対する増減額

　　ロ　国庫支出金に基く経費の総額

　　ハ　地方債の利子及び元金償還金

Q9 ▶ 特別会計、公営企業会計など

　一般会計のほかに、特別会計や公営企業会計などといくつも会計があるのはなぜですか。また、それぞれ目的や表すものは違うのでしょうか。

　予算は、地方自治法（第209条）において、一般会計及び特別会計とするとされており、そのうち特別会計は、特定の事業を行う場合その他特定の歳入をもって特定の歳出に充て一般の歳入歳出と区分して経理する必要がある場合において、条例でこれを設置することができるとされています。法の趣旨は、予算は原則１つで編成されるべきものですが、例外として会計を明確にしておく必要があるものを条例で規定して特別会計を設置することができるものとなっています。一方で、法律で特別会計を設けることが決められているものもあります。国民健康保険事業や介護保険事業はそれぞれの法律に基づいて特別会計を設置することになっています。また、地方公営企業の場合は、地方公営企業法で次のように定められています。

参考

地方公営企業法

第十七条　地方公営企業の経理は、第二条第一項に掲げる事業ごとに特別会計を設けて行なうものとする。但し、同条同項に掲げる事業を二以上経営する地方公共団体においては、政令で定めるところにより条例で二以上の事業を通じて一の特別会計を設けることができる

地方公営企業法

第二条　この法律は、地方公共団体の経営する企業のうち次に掲げる事業（これらに附帯する事業を含む。以下「地方公営企業」という。）に適用する。

一　水道事業（簡易水道事業を除く。）

二　工業用水道事業

三　軌道事業

四　自動車運送事業

五　鉄道事業

六　電気事業

七　ガス事業

Q10 ▶ 予算書の形式

予算にもいろいろあると思いますが、書類の様式や書き方は決まっているのでしょうか。

予算は、地方自治法、地方自治法施行令に基づいて地方自治法施行規則で予算調製の様式が定められています。それは、国民がどこの自治体に移動しても、居住している自治体の予算情報を統一して見ることができるようにしているものです。国同様に自治体が行うことに対して民意の統制を働かす機能として予算は重要で、その書類の様式が決まっていることは意義のあることです。一方で、この決められた様式だけでは情報が不足して内容がよくわからないことがあるというのが課題です。民意の統制を受けるためには予算の中身の見える化とともにわかりやすさが大切になってきます。その意味では、多くの自治体で予算書、もしくは予算説明資料において工夫がされています。

参考

地方自治法施行規則

第十四条　予算の調製の様式は、別記のとおりとする。

第十五条　歳入歳出予算の款項の区分並びに目及び歳入予算に係る節の区分は、別記のとおりとする。

2　歳出予算に係る節の区分は、別記のとおり定めなければならない。

第十五条の二　予算に関する説明書の様式は、別記のとおりとする。

Q11 ▶ 補正予算の編成

補正予算とはどのようなもので、どういった時にどうやって編成するのでしょうか。

 · · · · · · · · ·

地方自治法第218条において、次のように規定されています。「普通地方公共団体の長は、予算の調製後に生じた事由に基づいて、既定の予算に追加その他の変更を加える必要が生じたときは、補正予算を調製し、これを議会に提出することができる。」という規定です。

概ね6月、9月、12月、2月（3月）と議会の開催時期に合わせて補正予算を編成して議会に提案していることが多くなっています。本来当初予算の編成において、すべての歳入歳出を計上しておくことが原則になりますが、年度開始前の12月から1月の間において当初予算を編成する場合には、予測のできない事項や不確定な要素があるため、次の6点のように断続的に補正予算を編成しているのが実態となっています。

① 災害発生に伴う対応、感染症対応など不測の事態への対応

② 国の経済対策に伴う対応

③ 当初予算編成時点で国・都道府県等の補助金が確定していなかったものの事後対応

④ 歳出予算で必要額を見積もって計上したが、物価高騰や人事院勧告などにより費用が不足する場合

⑤ 歳入予算で見込みを立てて計上したが、法人税の落ち込みによる税収減額や地方交付税の増額、地方債の追加などを必要とする場合

⑥ 年度開始前後で首長選挙があり、当初予算で骨格予算を編成した場合の肉付け補正予算

また、補正予算の提案時期ですが、①は必要な時点で随時に補正予算を編成し議会に提案します。②④⑤は概ね12月もしくは2月（3月）、③⑥は6月前後に補正予算を提案することが多いです。

Q12 ▶ 予備費の総額

予算外の支出や予算を超える支出に充てるために歳出予算に予備費を計上するように自治法で定められていますが、その金額、総額はどのように考えて決めていくのが良いのでしょうか。

　明確な基準はありませんが、予備費の考え方は不測の事態を迎えたときに首長の判断で自由に使えるものとなります。予備費は予算の歳出の項目として議会の議決を得るものですが、使い道は首長に白紙委任した形式になります。したがって、必要最小限の設定にとどめるのが一般的です。

　令和5年度一般会計当初予算における主だった地方自治体の予備費の規模を見てみると図表1-4のようになっています。都道府県の大阪府、政令指定都市の大阪市、中核市の金沢市など予算規模の大きい団体は少し大きくなる傾向にありますが、それでも予算全体に対しては0.1%から0.4%の範囲です。一般市、町レベルであれば0.1%から0.2%で編成されているようです。したがって、予備費は必要最低限にとどめ、突発的な費用の追加が発生する場合は、補正予算を編成して議会へ提案することが予算編成の王道であると思います。

図表1-4　地方自治体における予備費計上額

	自治体区分	人口（R4.10.1）人	R5一般会計 当初予算額（単位千円）	左記のうち 予備費計上額（単位千円）	予備費 対予算比率（%）
大阪府	都道府県	8,787,414	3,642,079,301	4,000,000	0.11
大阪市	政令指定都市	2,756,807	1,908,837,989	5,000,000	0.26
石川県金沢市	中核市	459,916	181,950,000	720,000	0.40
三重県四日市市	施行時特例市	303,821	129,900,000	500,000	0.38
新潟県長岡市	施行時特例市	261,906	129,987,000	50,000	0.04
京都府宇治市	一般市	176,915	68,360,000	70,000	0.10
兵庫県川西市	一般市	151,091	56,861,000	50,000	0.09
岐阜県多治見市	一般市	104,348	40,179,000	60,000	0.15
兵庫県稲美町	町	30,004	11,794,524	20,000	0.17
				平均値	0.19

Q13 ▶ 財政調整基金がなくなったら

基金がいくつかありますが、この根拠と役割を教えて下さい。また、この基金を取り崩して、例えばコロナ禍による税収不足に対応したなどという話を聞きますが、この基金がなくなってしまったら、どうなるのでしょうか。

基金は、地方自治法において、条例に定めて設置することになっています。一方、地方財政法において、次のように規定されています。

> **地方財政法**
>
> （地方公共団体における年度間の財源の調整）
>
> **第四条の三** 地方公共団体は、当該地方公共団体の当該年度における地方交付税の額とその算定に用いられた基準財政収入額との合算額が、当該地方交付税の算定に用いられた基準財政需要額を著しく超えることとなるとき、又は当該地方公共団体の当該年度における一般財源の額（普通税、地方揮発油譲与税、石油ガス譲与税、自動車重量譲与税、特別法人事業譲与税、特別とん譲与税、国有資産等所在市町村交付金、国有資産等所在都道府県交付金、国有提供施設等所在市町村助成交付金及び地方交付税又は特別区財政調整交付金の額の合算額をいう。以下同じ。）が当該地方公共団体の前年度における一般財源の額を超えることとなる場合において、当該超過額が新たに増加した当該地方公共団体の義務に属する経費に係る一般財源の額を著しく超えることとなるときは、その著しく超えることとなる額を、災害により生じた経費の財源若しくは災害により生じた減収を埋めるための財源、前年度末までに生じた歳入欠陥を埋めるための財源又は緊急に実施することが必要となった大規模な土木その他の建設事業の経費その他必要

やむを得ない理由により生じた経費の財源に充てる場合のほか、翌年度以降における財政の健全な運営に資するため、積み立て、長期にわたる財源の育成のためにする財産の取得等のための経費の財源に充て、又は償還期限を繰り上げて行う地方債の償還の財源に充てなければならない。

2　前項の規定により積み立てた金額（次項及び次条において「積立金」という。）から生ずる収入は、全て積立金に繰り入れなければならない。

3　積立金は、銀行その他の金融機関への預金、国債証券、地方債証券、政府保証債券（その元本の償還及び利息の支払について政府が保証する債券をいう。）その他の証券の買入れ等の確実な方法により運用しなければならない。

　下線を引いた部分の前段部分（翌年度以降における財政の健全な運営に資するため、積み立て、）が財政調整基金にあたり、中段、後段の部分（長期にわたる財源の育成のためにする財産の取得等のための経費の財源に充て、又は償還期限を繰り上げて行う地方債の償還の財源に充てなければならない。）が公共施設等整備基金や減債基金の根拠になってきます。その内容を盛り込んで条例で基金設置を行っています。概ねどの団体も財政調整基金と減債基金は設置しているところです。

　財政運営上、基金を取り崩して使うことはよくあることですが、基金がなくなることは財政運営上かなり危険です。災害など不測の事態が発生したときや法人税など税収が急激に落ち込んだ場合などの対応が全くできないことになります。また、当初予算を編成する場合に、仮に歳入が歳出に対して不足する場合に基金がなければ、歳入不足を補えず予算が編成できないことにもなってしまいます。したがって、基金を全部使ってしまうことのないように財政運営をすることが大切です。

Q14 ▶ 自主財源がなくては、独自には何もできないのか

自主財源がなくても、補助金や地方債などで、国が決めたメニューの中から選んで事業を行うことはできます。しかし、独自の事業は自主財源がないとできないのでしょうか。

　自主財源は税収、手数料、財産収入など自らの自治体が得る財源です。一定数の住民がいる場合に自主財源が全くないということは想定できませんが、人口要因などから自主財源がかなり少なくなっている団体は多くあります。その場合、標準的な行政サービスが行えるように地方交付税による財政支援を国から受けることになります。

　地方交付税や地方消費税交付金などの依存財源を加味した一般財源がどれだけ確保できているかが財政運営では大事なポイントになります。標準的な行政サービスは、国からの財政支援により一定行うことができますが、自主財源が少ないことにより、自治体の独自の単独事業を行う余裕がなくなるのは事実です。

　ただ、どうしても必要なハード整備などは、過疎債など地方交付税措置（地方交付税による財政支援）が大きい地方債を使うことで行うことが可能です。その際に留意が必要な部分は、施設完成後の運営部分の財源が十分に確保できるかどうかを見込んでおく必要があります。この部分が単独経費で賄う必要があるため慎重な判断が必要です。

Q15▶ 首長と議会の関係が悪く暫定予算が繰り返される場合の対処方法

　首長と議会、特に最大会派との関係が悪く、今の首長になってから毎年、当初予算が成立せずに暫定予算になっています。そのため、予算編成時から、またダメかも、といった感じになってしまい、モチベーションがあがりません。どう予算編成にむきあっていけばよいでしょうか。

　地方自治法では、予算の提案権は首長にあることを定めていますが、一方で民意の統制を受ける議会の議決でもって、首長は予算の執行権を得ることも規定されています。ここが大事なところで民主主義の最も重要な点になっています。ご質問のように対立している場合、なかなかすっきりと予算が成立せず仕事がしにくいですが、これも民主主義の原点だと考えることが大切です。できるだけ早く正常化するように持っていくことができればいいですが、お互い政治家同士ですので政治信条の違いはどうしようもないことです。もし、首長が歩み寄る姿勢をもっているなら、事務方が議会事務局との調整をして予算のどの部分を修正すれば審議に応じてくれるかを探り対策を打つことが可能です。

　このような事態が続いて一番影響を受けるのは住民です。この混乱が続くと民意が黙っていないことになり、首長、議会双方がどこかで歩み寄らざるを得ないと考えます。もし、歩み寄りもせず対立が続く場合は、首長が不信任を受けたとして議会を解散して民意を問うことも手段の一つです。決しておすすめするものではありませんが、早くこの事態を解決して政治の正常化を図るためには、首長と解決策を協議していくことも必要です。

図表 1－5 再議について

再議について（収入又は支出に関する議決に対する長の処置）

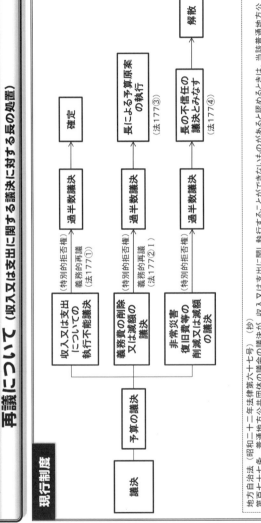

現行制度

地方自治法（昭和二十二年法律第六十七号）（抄）
第百七十七条 普通地方公共団体の議会の議決が、収入又は支出に関し執行することができないもの又は収入に伴う支出については、また、前項と同様とする。
　共団体の長は、理由を示してこれを再議に付さなければならない。
② 議会において左に掲げる経費を削除し又は減額する議決をしたときは、その経費及びこれに伴う収入について、また、前項と同様とする。
　一 法令により負担する経費、法律の規定に基き当該行政庁の職権により命ずる経費その他の普通地方公共団体の義務に属する経費
　二 非常の災害による応急若しくは復旧の施設のために必要な経費又は感染症予防のために必要な経費
③ 前項第一号の場合において、議会の議決がなお同号に掲げる経費を削除し又は減額したときは、当該普通地方公共団体の長は、その経費
　及びこれに伴う収入その他必要な歳出歳入を予算に計上してその経費を支出することができる。
④ 第二項第二号の場合において、議会の議決がなお同号に掲げる経費を削除し又は減額したときは、当該普通地方公共団体の長は、その議
　決を不信任の議決とみなすことができる。

（出所：総務省 HP より）

Q16▶ 非常事態時に備えてやっておくべきことは

大規模災害発生などの非常事態に備えてやっておくべきことは何でしょうか。

　大規模災害を念頭において準備をすることは難しい部分ですが、一定の備蓄食料や避難所に必要な備品等は確保するとともに、財政的な準備としてはやはり基金を一定額、確保しておく必要はあります。災害や景気動向による法人税収の落ち込みなどに伴う財政変動には、災害救助法による国庫負担、特別交付税、減収補てん債などの支援があり、最終的には自治体が財政危機に陥ることのないように制度設計されています。

　一方でこれらの支援は後追いで行われることから発災時直後などの当面の資金繰りが大切になります。それに対応するためには一定の基金を確保しておくことが必要です。どれぐらい確保しておくかは、自治体のあり様によって変わります。例えば、税収のうち法人税のウエイトが大きな自治体は、いつ法人税収が激減するか予想しにくいため少し多めに基金を持っておく方がいいように思います。通常の自治体であれば、災害に備えて標準財政規模の10％から15％程度を目安に基金を保有しておくと財政運営はやりやすくなるように思います。

Q17▶ 独自課税権

法律で決められた住民税や固定資産税などいろいろな税金があります
ますが、自治体が独自に課税することはできるのでしょうか。

地方自治体の課税は、地方税法に基づいて行いますが、独自に条例を
制定して課税することは可能です。これが法定外税です。ただし、課税
には議会で条例制定後に総務大臣と協議して同意を得る必要があります。
また、法定外税にはその税収を一般財源に充てる法定外普通税と使途が
決まっている法定外目的税に分類されます。法定外税新設の際の手続き
（図表1-6）及び令和3年度決算における法定外税の状況（図表
1-7）は次のとおりとなっています。

> **参考**
>
> 地方税法第259条から290条…都道府県の法定外普通税
> 地方税法第669条から698条…市町村の法定外普通税
> 地方税法第731条から733条…法定外目的税

図表1-6　法定外税新設の際の手続き

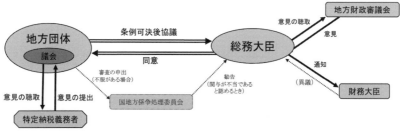

（出所：総務省HPより）

図表1－7　法定外税の状況

法定外税の状況

令和3年度決算額　６３４億円　（地方税収額に占める割合　０．１５％）

1　法定外普通税 [500億円（20件 ※6）]

[都道府県]

税目	決算額	団体
石油価格調整税	9	沖縄県
核燃料税	257	福井県、愛媛県、佐賀県、島根県、静岡県、鹿児島県、北海道、石川県、新潟県、宮城県
核燃料等取扱税	12	茨城県
核燃料物質等取扱税	194	青森県
計	472	13件

[市区町村]

税目	決算額	団体
別荘等所有税	5	熱海市（静岡県）
砂利採取税	0.05	山北町（神奈川県）※4 4.1失効
歴史と文化の環境税	0.5	太宰府市（福岡県）
使用済核燃料税	16	薩摩川内市（鹿児島県）、伊方町（愛媛県）、柏崎市（新潟県）
狭小住戸集合住宅税	5	豊島区（東京都）
空港連絡橋利用税	2	泉佐野市（大阪府）
宮島訪問税	－	廿日市市（広島県）R5.10.施行予定
計	29	7件 ※5

2　法定外目的税 [133億円（45件）]

[都道府県]

税目	決算額	団体
産業廃棄物税等※1	69	三重県、鳥取県、岡山県、広島県、青森県、岩手県、秋田県、滋賀県、奈良県、新潟県、山口県、宮城県、京都府、島根県、福岡県、佐賀県、長崎県、大分県、鹿児島県、北海道、熊本県、福島県、愛知県、沖縄県、愛媛県
宿泊税	15	東京都、大阪府、福岡県
乗鞍環境保全税	0.05	岐阜県
計	84	31件

[市町村]

税目	決算額	団体
遊漁税	0.1	富士河口湖町（山梨県）
環境未来税	9	北九州市（福岡県）
使用済核燃料税	4	玄海町（佐賀県）
環境協力税等※2	0.1	伊是名村、伊平屋村、渡嘉敷村、座間味村（沖縄県）
開発事業等緑化負担税	0.5	箕面市（大阪府）
宿泊税	36	京都市（京都府）、金沢市（石川県）、倶知安町（北海道）、福岡市（福岡県）、北九州市（福岡県）、長崎市（長崎県）※3（重複除き）
計	49	14件

合計：65件（法定外普通税20件、法定外目的税45件）／実施団体数：54団体（34都道府県、20市区町村）（重複除き）

※1 産業廃棄物税（岡山県）、産業廃棄物処理税（広島県）、産業廃棄物減量税（鳥取県）、産業廃棄物埋立税等を総称するとともに、熱量税（島根県）、循環資源利用促進税（北海道）を併せて、実施団体が多いため、名称を総称的に「産業廃棄物税等」としてここに掲載している。
※2 環境協力税（伊是名村、伊平屋村、渡嘉敷村）、美ら島税（座間味村）など実施団体により名称に差異があるため、地方団体ごとに名称を「環境協力税等」としてここに掲載している。
※3 上記に掲げる市町村のうち、令和3年度決算額の実績があるもののみ、掲載している。
※4 山北町の砂利採取税は令和4年4月1日をもって失効している。このため、令和3年度の決算額があるが、名称を記載している。
※5 一覧表中の合計額又は各件数等は四捨五入の処理をしているため合計が一致しない。
※6 端数処理のため、合計が一致しない。

（出所：総務省HPより）

Q18 ▶ 債務負担行為

予算は単一年度で完結するのが原則だときいたのですが、事業や事務が単年度で終了せずに後の年度においても「負担＝支出」をしなければならない場合などに「債務負担行為」という方法があると聞きました。具体的な役割と方法についてお教え下さい。

予算は総計予算主義の原則が地方自治法に定められていますが、その例外として債務負担行為を予算として定めることができます。債務負担行為は、数年度にわたる建設工事、土地や備品の購入や役務の提供による翌年度以降の経費支出、債務保証又は損失補償のように債務不履行等の一定の事実が発生したときの支出を予定するなど将来の財政支出を約束する行為です。また、債務負担行為は、議決した年度内でしかその効力はありませんので、債務負担行為に基づく契約はその議決年度内にしかできません。

複数年度にまたがる行為が増えてきていますので債務負担行為を設定して議決をとることが多くなってきています。特に、翌年度4月1日から始まる行政サービスは年度始まる前に契約しておくことが必要になります。その場合、前年度の3月末までに入札から契約までの手続きを完了する必要があるので、債務負担行為の予算（事項・年度・限度額）を提案し議決を得てからその手続きに入ります。なお、議決した債務負担行為に基づく費用を翌年度以降に予算計上する場合は、契約済み行為のため義務的経費になり議会で否決することはできないものとなります。参考に著者の属する兵庫県川西市の当初予算及び12月補正予算の内容を図表1-8で示します。

地方自治法

（総計予算主義の原則）

第二百十条 一会計年度における一切の収入及び支出は、すべてこれを歳入歳出予算に編入しなければならない。

（債務負担行為）

第二百十四条 歳出予算の金額、継続費の総額又は繰越明許費の金額の範囲内におけるものを除くほか、普通地方公共団体が債務を負担する行為をするには、予算で債務負担行為として定めておかなければならない。

図表 1-8　兵庫県川西市令和 5 年度一般会計当初予算

第 3 表　債務負担行為　　　　　　　　　　　　　　　　　　　　　　　　　（単位：千円）

事　項	期　　間	限度額
川西市土地開発公社事業資金に係る債務保証	令和 5 年度に川西市土地開発公社が融資を受ける事業資金について、令和 5 年度以降債務が消滅するまでの間、1,919,880 千円に利子相当額を加えた額の範囲内で債務を保証するものとする。	
社会福祉法人阪神福祉事業団が行うななくさ厚生院移転改築整備事業にかかる融資補償	令和 5 年度の事業着手に伴って融資を受ける事業資金について、令和 6 年度以降、債務が消滅するまでの間、融資機関に損失が生じた場合、37,100 千円に利子相当額を加えた額の範囲内で補償するものとする。	
路線バス運行支援事業費補助金	令和 6 年度	21,204 千円
電話交換業務	令和 6 年度〜8 年度	26,564 千円
電話交換機賃借	令和 6 年度〜12 年度	84,733 千円

（出所：川西市の HP より）

図表 1 - 9　兵庫県川西市令和 4 年度一般会計補正予算

第 3 表債務負担行為補正

（追加）　　　　　　　　　　　　　　　　　　　　　　　　　　（単位：千円）

事　項	期　間	限度額
市議会だより印刷業務	令和 5 年度	4,999
会議録検索システム配信・保守業務及び検索システム用データ作成業務	令和 5 年度	2,766
会議録作成支援システム運用管理業務	令和 5 年度	1,452
市制施行70周年記念誌 web 版制作業務	令和 5 年度～ 6 年度	8,000
広報誌印刷業務	令和 5 年度	20,220
点字広報作成業務	令和 5 年度	3,979
川西市市民活動センター及び川西市男女共同参画センター指定管理料	令和 5 年度～ 7 年度	協定書に基づく管理運営に必要な額
帳票等印刷及び封入封緘業務	令和 5 年度	1,040
特別徴収のしおり作成業務	令和 5 年度	599
県議会議員選挙執行にかかる業務	令和 5 年度	17,055
生活保護診療報酬明細書点検及び分析業務	令和 5 年度	1,500
作業服洗濯業務（衛生業務）	令和 5 年度	37
猪名川及び支川の採水及び水質分析業務	令和 5 年度	1,635
作業服洗濯業務（ごみ収集業務）	令和 5 年度	4,554
し尿中継所維持管理業務	令和 5 年度～ 7 年度	71,025
川西市黒川里山センター指定管理料	令和 5 年度～ 9 年度	協定書に基づく管理運営に必要な額
川西市知明湖キャンプ場指定管理料	令和 5 年度～ 9 年度	協定書に基づく管理運営に必要な額
道路修繕業務	令和 5 年度	市が示す単価を上限として負担する額
側溝等浚渫業務	令和 5 年度	市が示す単価を上限として負担する額
都市計画支援システム等賃貸借	令和 5 年度～10年度	28,842
キセラ川西せせらぎ公園維持管理業務	令和 5 年度	12,000
消防隊員仮眠用寝具賃借料	令和 5 年度	1,975
雨量計リプレース業務及び保守運用業務	令和 5 年度～10年度	2,084
防災気象情報提供業務	令和 5 年度	634

（出所：川西市の HP より）

Q19 ▶ 当初予算の編成

当初予算を編成していく際に、予算編成方針から作業を進めて行くにあたっての留意点があればお教え下さい。

税収が増えない中で、住民ニーズに的確に対応した行政サービスを行っていくためには、既存の事業の見直しによる財源の確保や行政サービスの質を高めるためのサービス手法の変更などが必要となり、さらには資産の有効活用や債務の適正管理など中長期の視点からの経営的な発想が大切になってきます。

予算には、単年度予算主義の原則があるため、年度予算を編成することに力点を置きすぎると、どうしても近視眼的な発想に陥りがちになります。将来世代と現世代の財政負担のバランスや行財政運営の持続性の確保などを主眼においた行財政運営に取り組むことが必要です。まずは、予算編成方針など政策形成の大きな方針、目指すまちづくりの姿を打ち出すこと、次にそれをまかなう資源（人、もの、金）の状況を踏まえた財政計画を策定して複数年度の財政事情の見通しを示すことが大切です。

次に、行政サービスの評価・検証です。達成目標と現時点の位置を比較してどのような方向にもっていくかを明確にしておくことが必要です。評価は決して万能なものではありませんがエビデンスをもって評価・検証することが当初予算編成していくうえで役に立つものとなります。

次の図表1-10は、兵庫県川西市の計画策定から予算編成までの流れです。

図表 1 -10　計画の策定から予算編成までの流れ

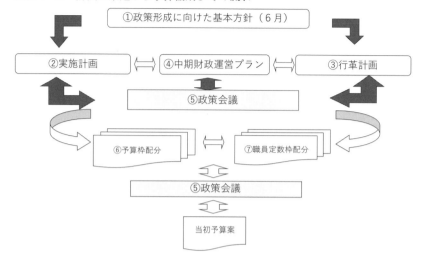

Q20 ▶ 当初予算編成における財政担当者ヒアリング

当初予算編成時に予算要求する原課にヒアリングする場合に注意しておくべき点は何でしょうか。

一つ目は、財政担当者や財政課長が予算を決定するものではないということを理解しておくことです。予算編成においては、よく使われる言葉に「査定」という言葉があります。自治体によっては担当者査定、財政課長（係長）査定、部長査定、副市長（副町長）査定といったプロセスを予算編成作業に組み入れている場合があります。財政担当の職員には担当者査定や財政課長査定だと言って鼻息を荒くして予算を決めるために張り切るメンバーもいます。意気込みの部分では大切なことですが、予算は誰が決めるのかといったことを踏まえて取り組んでいくことが必要です。「査定」という言葉の本来の意味は、調べて金額を決める行為をさすものであり、これを地方自治法にあてはめると首長に予算の調製権が付与されていることに該当します。要するに、予算を調製するのは首長の権限であり、査定行為は首長にしかできないことになります。したがって、首長の補佐をする職員は首長が調製するための原案を作成するという意識をもって謙虚に予算編成作業にのぞむことが大切です。

二つ目には、ヒアリングに入る前の準備が大切です。何をヒアリングするのかを要求内容をよく読み込んで、事前に聞くべき事項を整理しておくことです。ヒアリングは膨大な要求事項を限られた時間内で要領よく行う必要があるため、いかに論点を整理してヒアリングするかがポイントになります。ヒアリングの成果はこの準備次第だと言えます。財政担当者は、あらかじめ確認できる事項はヒアリング前にすませておき、ヒアリング当日にはできるだけ制度変更や新規・拡充内容、コスト見直しの状況など、論点を絞り込んで行うようにしておくといいでしょう。記載するヒアリングの準備を参考にしてください。

三つ目ですが、ヒアリングの仕方です。あらかじめ整理した論点を中心にヒアリングを行うのですが、ヒアリングは財政担当者が担当課からその内容を聞き出すものであって、担当課のレクチャーの場にしないようにするべきです。その意味において、時間の有効活用と効果的なヒアリングの実施が行えるようにその場をコントロールすることが必要になります。独善的な議論や不毛な議論に陥らないようにして、予算案作成に必要となる事項をもれなく聞き出すことを第一義に行います。担当課には、予算は要求をして付けてもらうという意識が根強くありますが、本来そういうものではなく、予算は現場の担当者が最も効率的、効果的に住民サービスができるように配分すべきものであって、その調整を財政課が行っているという意識をもってヒアリングにのぞむことが大切です。

参考

ヒアリングの準備
○あらかじめ確認しておくべき事項
　・予算費目、事業名の確認
　・枠配分ルールの確認（配分一般財源の範囲に収まっているかの確認）
　・総合計画、実施計画、行財政改革計画、職員定数計画、ICT推進計画などの計画との整合
　・前年度決算の課題への対応
　・市議会からの要望、各種団体からの要望との整合
　・国・都道府県制度との連動
　・見積もり書など積算根拠資料の確認と経費積算の検算
　・財源充当方法
○論点を整理しておくもの
　・新規、拡充項目の必要性、緊急性、効果性
　・行政の関与度合い
　・民間セクターの動向、受益者の範囲

・手段、経費の妥当性
・実施環境が抱える課題の抽出
・見直し項目の考え方→行財政改革項目との整合
・国、県制度との連動及び補助金負担金の確実性

Q21 ▶ 現場担当者の要求書作成のポイント

予算要求を行う原課の担当者が予算編成方針にそって要求書を作成する場合のポイントをお教え下さい。

 . . . .

まずは、予算編成方針でのルールの確認です。枠配分方式、経常的経費の取り扱いなどその年度の方針で変わったところなどを確認してからスタートです。

次に、首長の施策の方向性、自分の所属のミッション、昨年度までの実績、成果、本年度の取組み状況と決算見込みを確認して課題の洗い出しと課題解決のための考え方を整理することです。ここの部分が重要です。予算要求を最も簡単にしてしまうと、前例踏襲で予算要求前年度の現年度をベースに過不足の要素だけを積算して作成することも可能ですが、これでは事業をよりよくすることにはつながりませんので、ぜひ、予算要求の際には事業を再精査することからスタートしてほしいと思います。

また、新しい組み立てや業務改善、新規制度の立案する場合に大切なことは、Q20の質問の参考で記載した財政担当者が論点を整理する事項について調べて検討することです。原課の担当者、財政担当の双方でこの論点を整理して政策形成を行っていくと、首長の政策決定につながりますし、最終的に住民へのよりよいサービス展開につながっていきます。

最後に、要求の際の積算の方法です。すべての項目で積算見積もりを取ることはありません。できるだけ省力化して要求書作成に取り組んでいくことが必要ですので、決算見込みでの過不足を修正する個所と再度見積もりをとって金額を精査するところをわけて取り組むことが大切です。特に、数年間金額見直しができていない項目は要チエックです。できれば見積もりは複数事業者からとって金額の精査をしたいところです。

Q22 ▶ 当初予算編成で議員・団体からの要望の取り扱い

ある事業について、議員や団体などから、口利きや圧力とまでは
いかないまでも、要望を受けることがあります。あまり冷たい態度
をとるのも良くないですし、どのように対処すれば良いでしょうか。

　よくあることですが、議員の大事な仕事の一つだと理解して丁寧に対
応することが必要です。丁寧な対応は予算編成で予算を付けることでは
ありません。どちらかといえば予算を付けない方が多くなりますが、内
容を丁寧に聞き取りよく検討することで大半はおさまります。議員も厳
しい財政環境のもとですべての要望項目が叶うとは思っていません。

　議員要望には概ね二つの種類があります。一つは、所属する政党とし
ての政策（統一）要望、二つ目は、自らの支援者から強く要望受けてい
る事項です。前者はプライオリティだけが重要でそれほど大きな問題は
ないですが、難しいのは後者です。行政当局に伝えたレベルで終えるこ
とができるのも多いですが、中にはどうしても検討してほしいというも
のもあります。その中には、金額も少なく工夫の範囲で対応できるもの
も多くあります。首長を応援する、もしくは政策に協力してもらえてい
る議員（いわゆる与党議員）の要望にはできるだけ工夫を加えて対応で
きるかどうか検討する必要はあります。大きな予算をつけなくても、現
場で職員の工夫や少しのやりくりで喜んでもらえるものも多くあります。
一方、首長の政策に反対する議員の要望には、首長の政策方針の範疇に
あるか否かの判断基準で的確に判断していきます。つまりできないこと
はできないと言い切っていいと思います。どちらにしても、予算案を作
成して首長の決定を受けるまでどの議員が何を要望してどうしようとし
ているのかを説明できるようにしておくことが大切です。最後まで厳し
い要望は、職員で抱えすぎずに副市長（副町長）レベルで対応してもら
いましょう。その方が首長、議員双方にうまくいくように思います。

Q23 ▶ 事業担当課が勝手に首長と話しをして予算を決めてしまう

事業課が制度の必要性について首長を直接説得してしまい、予算要求の段階でその事実を財政課が初めて知る、ということがあります。事業課にはそのつど、注意するのですが改善されないので困っています。どうしたらよいでしょうか。

首長にルール違反ですとただすのが一番ですが、予算の最終決定者は首長ですので、首長の性格にもよりますがある程度やむを得ない部分だと考える方が財政担当としては楽です。

ただ、自治体のルールとしてそのような行為は頻繁に起こるとまじめにルールにしたがって行っている部署と寝技が得意でルール違反する部署がでてきてしまい、自治体経営として問題があります。そこで大事なことは、庁内での政策形成の手法と手順を再構築し、そのプロセスを見える化することです。実施計画⇒予算編成のルールを明確にしてその内容を、部局間で他の部も見えるようにする。どのように政策が形成されてきているのかをオープンにするとルール違反して政策を押し込んだのが見えます。そうすれば自然と淘汰され収まる部分も出てくるものと考えます。

Q24 ▶ 当初予算編成で地域地縁団体への支援策の考え方は

地域地縁団体の存在は住民自治活動の充実のためにも、なくては
ならないものになっています。こうした団体への支援のあり方とし
て、予算化しておく際の注意点は何かありますでしょうか。

　地域地縁団体への支援のポイントは、地域地縁団体の自主性、自由度
を最大限尊重したものにできるかがポイントです。従前のような行政が
用意する補助メニューに沿った内容で要求してもらって補助金を支出す
る手法から、できるだけ自由に地域の意向、地域の考え方に沿って地域
をよくするための予算を地域の意思で執行ができるようにする。そのた
めには地域予算的なものをつくることができればベストです。予算の一
部に限定した直接参加型予算ともいえます。少子高齢化の進行やライフ
スタイルの多様化・高度化、自治会加入率の低下、NPO等の新たな地
域の担い手の台頭など地域の様相が変容しています。

　一方で、行政側も、厳しい財政状況をはじめとする経営資源の制約の
中で、行財政改革が迫られています。地域社会、自治体行政が置かれて
いる現状の中で、行政サービスのあり方は大きな課題になっています。
従来のような役所の補助メニューに沿った内容であれば支援します的な
発想から、必要なことは地域と協働でつくりあげていく、そのために予
算はどう配分すべきかといった視点が必要です。その方策として、三重
県名張市の「ゆめづくり地域予算制度」、著者の属する兵庫県川西市の
地域コミュニティ団体への「一括交付金制度」のような取り組みが、今
後の住民参加の主流となって多くの自治体で活用されていくものと考え
ています。

Q25 ▶ 当初予算案の公表、PR

予算案ができあがりました。多くの住民に知ってもらいたいのですが、公表の仕方やアピールの仕方のうまい方法はありますでしょうか。

一番大切なテーマです。予算案ができあがれば議会に提案すると同時に住民に公表してひろく意見を求めることができればベストです。一方で、多くの住民に知ってもらおうとするとPR媒体が広報紙への掲載、ホームページへのアップや日刊紙を中心にならざるを得ないため、紙面制約の点などから予算総額や目玉になる事業をお知らせするだけにとどまる点が課題になっています。

膨大な予算情報になるので、議会審査並みの情報提供は不可能ですが、できるだけコンパクトにわかりやすくお知らせする工夫は引き続き努力をしていく必要があります。その際のポイントは、「平易な言葉で、わかりやすく、コンパクトに」が中心になります。特に最初に目を引くリード文は大切です。参考に兵庫県川西市の令和4年度新年度予算を取り扱った広報紙の記事を示します。少し文字が多いかなと思っていますが新しい取り組みや内容を住民に見てもらう工夫をしています。

参考　兵庫県川西市の令和4年3月号広報紙から抜粋

主な事業

令和4年度

9月から新たに2つの事業がスタート

重点的に取り組む事業

子どもの支援や教育環境の充実

新型コロナ対策関連事業

教育・介護環境を重点的に支援

まちのにぎわいづくり

新しい時代に対応したデジタル化の推進

milife 2022.03

Q26 ▶ 当初予算編成で外郭団体への支援策の決定方法

効果的、効率的な行政サービスを提供するために設立されてきた外郭団体ですが、近年は赤字団体もあります。こうした団体などへの支援策について注意する点などがあればお教えください。

　大事なことは支援が一時的か継続的なものかを判断することが大切です。一時的な支援であれば期限を設けて貸付金などの資金対策を行います。外郭団体は、意思決定機関を持ち独立経営をしている団体ですので、自らの経営責任で自己解決していくように導く手法が必要です。安易に補助金予算を計上するのではなく、自らの努力を引き出す支援策です。

　一方で、問題となるのは赤字経営体質になっている場合の支援です。継続的な赤字経営体質になっている場合は、効果的、効率的なサービスが行えているとは言えませんので、抜本的な外科手術が必要です。経営分析を行い、引き続き存続が必要かどうかも含めて判断をしていくことが必要です。債務の解消や従業員問題など少し時間がかかる課題ですが、経営判断で最も大切な部分は損益分析です。売上がどう変化しているのか、経費（原価）は十分に圧縮できているかです。特に売上を十分に確保できない場合、それはどこに課題があるのかを分析することです。多くの外郭団体は、自治体がバックについているので甘い経営判断をしがちです。特に、自治体 OB 職員が経営幹部に入っている団体は要注意です。経営が悪化する場合の原因は、経営者に問題がある場合が多くあります。仮に、補助金による支援を打ち出さざるを得ない場合は、経営幹部を全員交代させるぐらいの厳しい姿勢をセットで示していく必要があります。そうしないと議会審査でかなり厳しい意見をいただくことになります。どちらにしても早い段階で止血をしないと、致命傷になりますので、単に支援を打つだけでなく期限を決めて、自治体、外郭団体双方で決断することです。

第2章　地方交付税

Q1 ▶ 地方交付税の役割

地方交付税は自治体の歳入の中で大事なものですが、そもそも、なぜこうした制度ができて、どのような役割を担っているのでしょうか。

A ・・・・・・・・・

　地方交付税制度は、昭和24年のシャウプ勧告において、地方財政平衡交付金制度という財政調整制度の導入を求めたことからスタートしています。それは、国の責任において、地方自治体の財政需要を見積もって、地方税等の自主財源で賄えない額を保障するというものです。その仕組みが現在の地方交付税に引き継がれています。

　国と地方公共団体の事務配分は、国が法制度で決めています。併せてそれを賄う地方財政制度も規定しています。国と地方公共団体の事務配分をした結果、行政サービスの最終支出は、概ね国が44に対して地方公共団体が56になっています。一方で、それを賄う税源の国と地方公共団体の割合は、62対38になっていてアンバランスになっています。このアンバランスを調整する垂直的な財政調整の一部を地方交付税が担っています。また、地方公共団体の税源は、地域によって大きく偏っています。人口と法人が多く集まる東京都に税源が偏っているのが実態で、地方公共団体が標準的な行政サービスを衡平に行えるように水平的な調整を行う役割を地方交付税が担っています。地方交付税の性格は図表2-1のとおりとなっています。

図表2-1　地方交付税の性格

○所得税、法人税、酒税、消費税の一定割合及び地方法人税の全額とされている<u>地方交付税</u>
<u>は、地方公共団体間の財源の不均衡を調整し、どの地域に住む国民にも一定の行政サービ
スを提供できるよう</u>財源を保障するためのもので、<u>地方の固有財源である。</u>

地方交付税制度の概要

性　格：本来地方の税収入とすべきであるが、団体間の財源の不均衡を調整し、すべての地方団体
　　　　が一定の水準を維持しうるよう財源を保障する見地から、国税として国が代わって徴収
　　　　し、一定の合理的な基準によって再配分する、<u>いわば「国が地方に代わって徴収する地方
　　　　税である。」(固有財源)</u>

　　　　(参考　平成17年2月15日　衆・本会議　小泉総理大臣答弁)
　　　　　　　　地方交付税改革の中で交付税の性格についてはという話ですが、地方交付税は、国税五税の
　　　　　　　　一定割合が地方団体に法律上当然帰属するという意味において、<u>地方の固有財源である</u>と
　　　　　　　　考えます。

総　額：所得税・法人税の33.1%、酒税の50%、消費税の19.5%、地方法人税の全額

種　類：普通交付税＝交付税総額の94%、特別交付税＝交付税総額の6%

(出所：総務省資料より)

Q2 ▶ 普通交付税の決定の仕組み

普通交付税の総額の決定は、法律で定められているとのことですが、その額はどのように決まるのでしょうか。各自治体に配分される額の仕組みがよくわからないのでお教え下さい。

地方交付税は、地方財政計画によって総額が先に決まり、地方公共団体に衡平に配分される仕組みです。したがって、個々の団体の所要額の積み上げで地方交付税総額が決まっているものではないことを理解することが必要です。総額の決定は、地方交付税法に基づいて策定する地方財政計画で政府予算の決定と同時に調整が行われて図表2−2のように決まります。

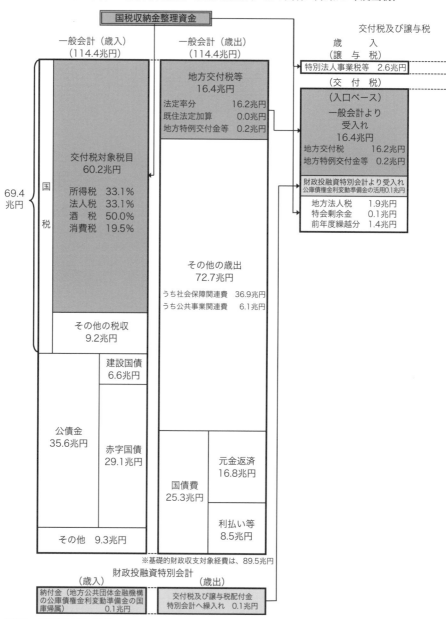

※基礎的財政収支対象経費は、89.5兆円

（出所：総務省 HP より）

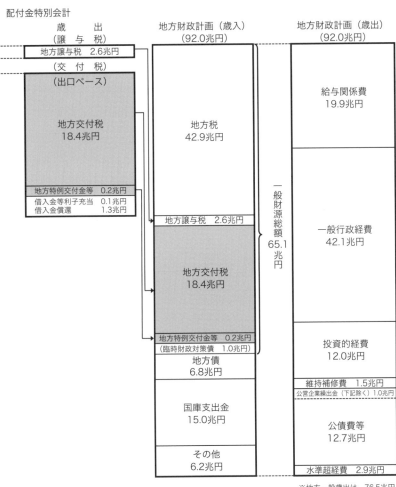

配付金特別会計

歳　出
（譲　与　税）

地方譲与税　2.6兆円

（交　付　税）

（出口ベース）

地方交付税
18.4兆円

地方特例交付金等　0.2兆円
借入金等利子充当　0.1兆円
借入金償還　1.3兆円

地方財政計画（歳入）
（92.0兆円）

地方税
42.9兆円

地方譲与税　2.6兆円

地方交付税
18.4兆円

地方特例交付金等　0.2兆円
（臨時財政対策債　1.0兆円）
地方債
6.8兆円

国庫支出金
15.0兆円

その他
6.2兆円

一般財源総額
65.1兆円

地方財政計画（歳出）
（92.0兆円）

給与関係費
19.9兆円

一般行政経費
42.1兆円

投資的経費
12.0兆円

維持補修費　1.5兆円
公営企業繰出金（下記除く）1.0兆円

公債費等
12.7兆円

水準超経費　2.9兆円

※地方一般歳出は、76.5兆円

（注）表示未満四捨五入の関係で、合計が一致しない場合がある。

地方交付税の個別団体への配分は、地方財政計画を受けて、地方交付税の94％分にあたる普通交付税、6％相当分の特別交付税の交付決定を通じて行っています。そのうち普通交付税は図表2-3のように決定する仕組みになっています。普通交付税は自治体ごとに基準財政需要額と基準財政収入額を算定し、差に基づいて決定されます。したがって税収が小さな自治体でも標準的な行政サービスを実施するための財源は基準財政需要額で保障されます。この部分について、総務省の説明では次のようになっています。交付を受ける団体の財源（一般財源）は、基準財政需要額＋留保財源に特別交付税を加えたものとなります。普通交付税による財源保障は、地方自治体間の税収格差を是正するものの、標準的な行政サービスを全額保障するものではないとなっています。この理解が難しいところですが、留保財源があることで全額保障を受けていない仕組みを理解したいところです。

図表2-3　普通交付税の額の決定方法

各団体ごとの普通交付税額＝（基準財政需要額－基準財政収入額）＝財源不足額
基準財政需要額＝単位費用(法定)×測定単位(国調人口等)×補正係数(寒冷補正等)
基準財政収入額＝標準的な地方税収入見込額×原則として75％

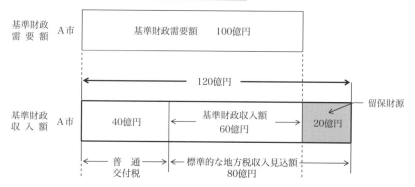

Q3 ▶ 留保財源

地方交付税を算定する際、基準財政収入額に入れない額を留保財源というと聞きました。なぜ、そのように財源をわけるのでしょうか。その意図と役割をお教え下さい。

　図表2-3に示しているように基準財政収入額に算入されなかった額を留保財源といいます。基準財政収入額は、標準的な地方税収入に一定割合（原則は75%）を乗じたものに地方譲与税等を加えたものです。つまり75%を基準財政収入額に算入し、25%を留保財源としています。この理由については、概ね次のように説明されています。

「①　基準財政収入額に対応する基準財政需要額の算定において、個別の地方団体の標準的な行政経費を全額算定することは、技術的に不可能であることから、これに見合う財政収入についても、ある程度のゆとりを残しておくことが必要であること。

　②　仮に、留保財源率を0とすれば、地方団体は基準財政需要額に算定された財政需要以外の独自政策を行う財政的余裕がなくなるとともに、努力して税収の増を図ってもその分はそのまま交付税から減額されることから、税源かん養のためのインセンティブが働かなくなること。」

(黒田武一郎編著『三位一体の改革と将来像—地方税・地方交付税〈シリーズ地方税財政の構造改革と運営〉』ぎょうせい、2007年、203ページ)

　したがって、税収の多い団体は、この留保財源が大きくなり、比較的財政運営の自由度が増しますが、一方で、税収が少ない団体は自由度がなく、いわゆる独自の単独事業をしにくくなります。

Q4 ▶ 普通交付税の担当の仕事

　自治体で普通交付税の算出などを行う担当になりました。何に気をつけて仕事に取り組んだら良いでしょうか。

　普通交付税の担当になったら、まず、最初にするべきことは地方交付税全体の仕組み、地方財政計画の概要を地方交付税法に則して基本を学ぶことから始めてください。参考になる図書をピックアップして読まれることをお薦めします。全体像を把握せずにやみくもに基礎数値の報告書づくりを始めるとポイントがわからずに業務をしてしまうことになるので自分が全体のどの部分の業務をしているのか理解しながら業務にあたるといいと思います。

　基礎数値の報告は、前年度の秋から当該年度にかけて断続的に照会がきて報告していきます。この数値の積み上げが基準財政需要額と基準財政収入額に反映されてきます。データがすべてインプットされれば、算定台帳が出来上がり自らの団体の普通交付税が決まります。概ね当該年度の7月末までには（法律では8月末）総務省から決定を受けて最終の交付額が決まります。総額が決まれば、なぜそのような金額になったのか、前年度と比較して基準財政需要額、収入額双方においてどこが増減しているのかを分析します。要するに交付税決定要因を分析する仕事です。基礎数値の変化要因、単位費用の増減、補正係数の増減などを分析して国の配分基準の変化などを含めて調べていくと、自らの団体の特徴や普通交付税が地方財政全体の動きを加味した算定になっていることがわかってきます。

　また、普通交付税は地方交付税法（地方交付税法第17条の3）に基づき交付税の額の算定に用いた資料に関する検査が行われます。この検査は、過去に報告した基礎数値に誤りがないか、適正に算定されているかが検査されるもので、算入数値に誤りがあれば錯誤措置として次年度の

普通交付税に反映されることになります。したがって、算入数値に大きな誤りがあれば、翌年度の普通交付税で錯誤措置がされる数値が大きくなり、思わず交付税が減額となるので、毎年の基礎数値の報告には正確さを期すように心がけるといいでしょう。

Q5 ▶ 普通交付税の単位費用、基礎数値、補正係数

普通交付税について調べてみたところ、単位費用や基礎数値、補正係数など聞き慣れない言葉が多くて難しいです。これらはどういったものなでしょうか。

普通交付税の基準財政需要額についてはかなりテクニカルなものとなっていますので、総務省がホームページ上で説明している内容を参考にするのがわかりやすいです。まず、基準財政需要額が何でどのような積算で決められているのかを見てみましょう。総務省は基準財政需要額について、図表2-4のとおり説明しています。

図表2-4　地方交付税の基準財政需要額

1　基準財政需要額

「基準財政需要額」とは、各地方団体の財政需要を合理的に測定するために、当該団体について地方交付税法第11条の規定により算定した額である(地方交付税法第2条第3号)。

その算定は、各行政項目別にそれぞれ設けられた「測定単位」の数値に必要な「補正」を加え、これに測定単位ごとに定められた「単位費用」を乗じた額を合算することによって行われる。

[基準財政需要額]=[各行政項目ごとの基準財政需要額(単費×(測定単位の数値×補正係数))の合算額]

(1) 基準財政需要額の意義

① 標準的な額としての基準財政需要額

基準財政需要額は、各地方団体の支出の実績(決算額)でもなければ、実際に支出しようとする額(予算額)でもない。

地方交付税は、各地方団体の財源不足額を衡平に補塡することを目途として交付されるものであるから、仮に具体的な実績をその財政需要の算定に用いることとすれば、個別の事情や独自の判断に基づいて行われるものを取り入れることになり、不公平な結果をもたらすことになる。

したがって、基準財政需要額は、地方団体における個々具体的な財政支出の実態を捨象して、その地方団体の自然的・地理的・社会的諸条件に対応する合理的でかつ妥当な水準における財政需要として算定される。

② 基準財政需要額の水準の根拠

基準財政需要額の標準的水準の具体的根拠となるものは、地方財政計画に示された歳出

の内容と水準である。

　地方財政計画は、国民経済・国家財政との関連を保ちつつ、地方財政に関する基本的な方針とその標準的な姿を掲げるものであり、基準財政需要額は、この地方財政計画に組み込まれた給与費、社会福祉関係費、公共事業費単独事業費などの内容を基礎として、算定されるものである。

③　一般財源としての基準財政需要額

　基準財政需要額は、地方団体における必要な一般財源としての財政需要額を示すものである。

　したがって、基準財政需要額の算定に当たっては、目的税国庫支出金、使用料・手数料、負担金・分担金等の特定財源をもって賄われるべき財政需要は、特定財源として除外することとされている。

(2) 基準財政需要額の算定のしくみ

　基準財政需要額は、各地方団体ごとの標準的な水準における行政を行うために必要となる一般財源を算定するものであり、各算定項目ごとに次の算式により算出されるものである。

単 位 費 用	×	測 定 単 位	×	補 正 係 数
（測定単位1当たり費用） ※「2 単位費用」参照		（警察職員数65歳以上人口など） ※「(3) 算定項目と測定単位」参照		（段階補正、寒冷補正など） ※「3 補正係数」参照

（出所：総務省のHPより）

図表2-5　単位費用

　財政需要は、各地方団体の測定単位に「単価」を乗じることによって算定されるが、この測定単位に乗する単価を「単位費用」という。

　地方交付税法第2条第6号においては、単位費用は「標準的条件を備えた地方団体が合理的、かつ、妥当な水準において地方行政を行う場合又は標準的な施設を維持する場合に要する経費を基準とし」と規定し、その算定は、次のとおりである。

[算　式]

$$単位費用 = \frac{標準団体の標準的な歳出 － うち国庫補助金等の特定財源}{標準団体の測定単位の数値}$$

$$= \frac{標準団体の標準的な一般財源所要額}{標準団体の測定単位の数値}$$

（出所：総務省HPより）

つまり、基準財政需要額は、各地方団体の支出の実績（決算額）でも
なければ、実際に支出しようとする額（予算額）でもなく地方団体にお
ける個々具体的な財政支出の実態を捨象して、その地方団体の自然的・
地理的・社会的諸条件に対応する合理的でかつ妥当な水準における財政
需要として算定されるものです。また、基準財政需要額の算定の仕組み
は、単位費用×測定単位×補正係数で算出されるものとなっています。

　そのうち、単位費用は測定単位1あたりの費用で、総務省は図表
2-5のとおり説明しています。なお、単位費用は、地方団体が標準的
な行政を行う場合に必要な一般財源の額を、測定単位一単位当たりで示
したものであり、その数値が法律で定められています。

　次に、測定単位は都道府県、市町村ごとに図表2-6のとおり地方交
付税法で定められています。

　最後に、補正係数について、総務省は次のように説明し、具体的な補
正係数（令和3年度）について図表2-7のように解説しています。

　基準財政需要額の算定においては、すべての都道府県またはすべ
ての市町村に費目ごとに同一の単位費用が用いられる。

　しかし、実際の各地方団体の測定単位当たりの行政経費は、自然
的・社会的条件の違いによって大きな差があるので、これらの行政
経費の差を反映させるため、その差の生ずる理由ごとに測定単位の
数値を割増しまたは割落としている。これが測定単位の数値の補
正であり、補正に用いる乗率を補正係数という。

図表2-6　測定単位

【道府県分】

1　個別算定経費

項　目		測　定　単　位
警　察　費		警 察 職 員 数
土木費	道路橋りょう費	道 路 の 面 積
		道 路 の 延 長
	河　川　費	河 川 の 延 長
	港　湾　費	係留施設の延長(港湾)
		外郭施設の延長(港湾)
		係留施設の延長(漁港)
		外郭施設の延長(漁港)
	その他の土木費	人　　　　口
教育費	小 学 校 費	教 職 員 数
	中 学 校 費	教 職 員 数
	高 等 学 校 費	教 職 員 数
		生　徒　数
	特別支援学校費	教 職 員 数
		学　級　数
	その他の教育費	人　　　　口
		公立大学等学生数
		私立学校等生徒数
厚生労働費	生 活 保 護 費	町 村 部 人 口
	社 会 福 祉 費	人　　　　口
	衛　生　費	人　　　　口
	高齢者保健福祉費	6 5 歳 以 上 人 口
		7 5 歳 以 上 人 口
	労　働　費	人　　　　口
産業経済費	農 業 行 政 費	農　家　数
	林 野 行 政 費	公有以外の林野の面積
		公 有 林 野 の 面 積
	水 産 行 政 費	水 産 業 者 数
	商 工 行 政 費	人　　　　口
総務費	徴　税　費	世　帯　数
	恩　給　費	恩 給 受 給 権 者 数
	地 域 振 興 費	人　　　　口
地域の元気創造事業費		人　　　　口
人口減少等特別対策事業費		人　　　　口
地域社会再生事業費		人　　　　口
地域デジタル社会推進費		人　　　　口

2　包括算定経費

測　定　単　位
人　　　　口
面　　　　積

【市町村分】

1　個別算定経費

項　目		測　定　単　位
消　防　費		人　　　　口
土木費	道路橋りょう費	道 路 の 面 積
		道 路 の 延 長
	港　湾　費	係留施設の延長(港湾)
		外郭施設の延長(港湾)
		係留施設の延長(漁港)
		外郭施設の延長(漁港)
	都 市 計 画 費	都市計画区域における人口
	公　園　費	人　　　　口
		都 市 公 園 の 面 積
	下 水 道 費	人　　　　口
	その他の土木費	人　　　　口
教育費	小 学 校 費	児　童　数
		学　級　数
		学　校　数
	中 学 校 費	生　徒　数
		学　級　数
		学　校　数
	高 等 学 校 費	教 職 員 数
		生　徒　数
	その他の教育費	幼稚園等の小学校就学前子どもの数
厚生費	生 活 保 護 費	市　部　人　口
	社 会 福 祉 費	人　　　　口
	保 健 衛 生 費	人　　　　口
	高齢者保健福祉費	6 5 歳 以 上 人 口
		7 5 歳 以 上 人 口
	清　掃　費	人　　　　口
産業経済費	農 業 行 政 費	農　家　数
	林野水産行政費	林業及び水産業の従業者数
	商 工 行 政 費	人　　　　口
総務費	徴　税　費	世　帯　数
	戸籍住民基本台帳費	戸　籍　数
		世　帯　数
	地 域 振 興 費	人　　　　口
		面　　　　積
地域の元気創造事業費		人　　　　口
人口減少等特別対策事業費		人　　　　口
地域社会再生事業費		人　　　　口
地域デジタル社会推進費		人　　　　口

2　包括算定経費

測　定　単　位
人　　　　口
面　　　　積

（出所：総務省 HP より）

図表2-7　補正係数（測定単位の数値の補正）

種　類	内　容	例
種別補正	測定単位に種別があり、かつ、その種別ごとに単位当たり費用に差があるものについて、その種別ごとの単位当たり費用の差に応じて当該測定単位の数値を補正するもの。 　例えば、港湾費（係留施設の延長）にあっては、港湾の種別（「国際戦略港湾」「国際拠点港湾」「重要港湾」「地方港湾」）によって、係留施設1m当たりの維持管理経費等による経費の差を反映させるもの。	港湾費 （港湾の種別による経費の差）
段階補正	測定単位の数値の多少による段階に応じて単位当たり費用が割安又は割高になるものについて、その段階ごとの単位費用の差に応じて当該測定単位の数値を補正するもの。 　地方団体は、その規模の大小にかかわらず、一定の組織を持つ必要があり、また、行政事務は一般的に「規模の経済」、いわゆるスケールメリットが働き、規模が大きくなる程、測定単位当たりの経費が割安になる傾向があり、こうした経費の差を反映させるもの。	包括算定経費 （人口規模による段階ごとの経費の差）
密度補正	測定単位の数値が同じであっても、人口密度等の大小に応じて単位当たり費用が割安又は割高になるものについて、人口密度等の大小に応じて当該測定単位の数値を補正するもの。 ①　人口密度、自動車の交通量等を「密度」とするもの ②　介護サービス受給者数等の測定単位の数値に対する割合を「密度」とするもの	①消防費 （人口密度（面積）に応じた経費の差） ②高齢者保健福祉費 （65歳以上人口） （介護給付費負担金等に係る経費の差）
態容補正	都市化の程度、法令上の行政権能、公共施設の整備状況等、地方団体の「態容」に応じて単位当たり費用が割高又は割安となるものについて、その態容に応じて測定単位を補正するもの。 ①　普通態容補正 　ア　行政の質量差によるもの 　　・「都市化の度合いによるもの」市町村を20段階の種地に区分し、大都市ほど行政需要が増加する経費（道路の維持管理費、ごみ処理経費等）について割増し。 　　・「隔遠の度合いによるもの」離島辺地の市町村やそのような地域を持つ道府県における旅費、資材費の割高の状況を反映。 　　・「農林業地域の度合いによるもの」農林水産業を主産業とする市町村の産業振興、地域振興のための経費について農林業級地の地域区分により割増し。 　イ　給与差によるもの 　　地域ごとに異なる地域手当、住居手当、通勤手当等の給与差を反映。 　ウ　行政権能差によるもの 　　指定都市、中核市、その他の市町村では、法令に基づく行政権能が異なることから、これによる経費の差を反映。	① ア　消防費 （消防力の水準の差） イ　地域振興費 （人口） ウ　保健衛生費 （保健所設置市とその他の市との差）

種　類	内　　容	例
	②　経常態容補正 　　普通態容補正のような級地区分等とは関係のない態容に基づく経常経費の差（例：教職員の平均年齢の差による都道府県ごとの平均給与費の差）を反映させるもの。 ③　投資態容補正 　ア　投資補正 　　道路の未整備率、高等学校校舎等不足面積等、客観的な統計数値等を指標として投資的経費の必要度を測定し、財政需要額に反映させるもの。 　イ　事業費補正 　　特定の事業実施のために借り入れた地方債の元利償還金の一定割合等、実際の投資的経費の財政需要を反映させるもの。	②小・中学校費 （平均給与費の差） ③ ア　道路橋りょう費 （未整備延長比率等による改築経費の必要度の差） イ　小・中学校費 （学校教育施設等整備事業債の元利償還金）
寒冷補正	寒冷・積雪地域の度合いによって経費が割高となるものについて、寒冷・積雪の度合いに応じて測定単位の数値を補正するもの。 ①　給与差　寒冷地に勤務する公務員に対して支給される寒冷地手当に係る財政需要の増加分 ②　寒冷度　寒冷地における暖房用施設、暖房用燃料費、道路建設に必要な特殊経費、生活保護費に係る冬季加算分などの行政経費の増加分 ③　積雪度　積雪地における道路・建物等に係る除排雪経費、雪囲費、道路建設費における道路幅員の通常以上の拡張に要する経費等	小・中学校費（学級数） ①寒冷地手当の差 ②暖房費の差 ③除雪経費の差
数値急増補正 数値急減補正	①　数値急増補正 　　人口を測定単位とする費目分については、基礎としている国勢調査人口の数値の更新に５年間を要するため、この間に人口が急増する市町村について、住民基本台帳登載人口等を用いて増加分を反映させるもの。 ②　数値急減補正 　　人口や農家数等が急激に減少しても、行政規模は同じペースで減らせないこと、また、人口が急変する市町村は、人口変動が小さい市町村に比べて行政経費が割高になる状況があることを反映させるもの。	①地域振興費（人口） 高齢者保健福祉費（65歳・75歳以上人口） ②農業行政費 （農家数） 地域振興費 （人口）
財政力補正	地方債の元利償還金を算入する際に、償還額の標準財政収入額に対する割合の高い団体について算入率を引き上げるもの。	災害復旧費 （単独災害復旧事業債及び小災害債（公共土木施設等分））
合併補正	合併市町村においては、合併後は、各種の施設を整備しなければなら　ず、また、行政の一体化に要する経費や行政水準・住民負担水準の格差是正など、財政需要が増加するので、これを算入するために適用されていた補正である。平成21年度限りで廃止され、経過措置として残っている。	地域振興費 （人口）

（出所：総務省 HP より）

Q6 ▶ 地方債の交付税措置

地方債を起債したときに、50%交付税措置する、と書いてありましたが、これはどのようなお金なのでしょうか。また、どんな事業でも交付税措置はあるのでしょうか。

地方債を発行して事業費の財源とした場合に、交付税措置50%というのは、元利償還金が発生する年度において、その50%相当を基準財政需要額に算入することを言います。

算入方式は二つあります。一つは、実額償還方式で、実際に支払う元利償還金に交付税措置率を乗じて積算するもので、合併特例債や過疎債などがあります。もう一つは、理論償還方式で、国が想定した利率、借入条件によって、後年度の元利償還金相当額を算定するもので、臨時財政対策債や緊急防災・減債事業債などがあります。どちらの手法でも元利償還金相当額が基準財政需要額に算入されるので、財源保障は地方交付税制度によって受けるものとなります。一方で、基準財政需要額に算入されても実額が交付税で見積もられて交付を受けるのではなく、あくまでも財源保障を受けるものと理解すべきです。

また、交付税措置がある事業は、国として政策を推進するもの、経済対策として国・地方が連携して実施するもの、臨時財政対策債のように本来国が責任をもって対応すべきものを地方が肩代わりする場合などが対象となってきます。

Q7 ▶ 交付税措置は本当か

95％交付税措置する、といった事業がありましたが、これは必ず国からもらえるのでしょうか。国の財政も厳しいということですが、本当に大丈夫なのでしょうか。

　国からお金がもらえるというものではありません。交付税措置（基準財政需要額に算入）＝財源保障、この意味がどうしてもお金がもらえるという発想になりがちです。再度、基準財政需要額とは何かを理解しておく必要があります。基準財政需要額は、各地方自治体の支出の実績（決算額）でもなければ、実際に支出しようとする額（予算額）でもなく地方自治体における個々具体的な財政支出の実態を捨象して、その地方自治体の自然的・地理的・社会的諸条件に対応する合理的でかつ妥当な水準における財政需要として算定されるものです。したがって、基準財政需要額に算入される（措置される）とうことは、財政需要としてカウントされるという意味です。仮に自治体の税収が伸びて基準財政収入額が多くなれば、基準財政需要額に変化がない場合、基準財政需要額―基準財政収入額で計算される当該年度の地方交付税は、減額になります。不交付団体は、基準財政需要額に算入されても地方交付税が支出されないのと同じです。一方で基準財政収入額も基準財政需要額も前年度と同額の場合、交付税措置される金額が伸びればその部分は確かに地方交付税の増額が発生します。国の財政が厳しい中、大丈夫なのか、信用できるのかどうかという点ですが、基準財政需要額への算入の基礎となる単位費用、測定単位、補正係数は地方交付税法に規定するとともに、地方交付税法において交付税総額を決める地方財政計画の策定を義務付けています。その地方財政計画は国の予算との連動が図られますので、財源保障は確実に行われます。

Q8 ▶ 普通交付税の「調整戻し」

普通交付税の算定が終わった後で、追加で交付されたりすることがありますが、これはどういった理由で行われるものなのでしょうか。

普通交付税は、総額が決まってそれを地方自治体に衡平に配分する仕組みは説明しました。配分する際に配分ルールによって積み上げた際の総額と合わない部分は調整率を乗じて総額に合わせつけて普通交付税の決定が行われます。いわゆる全団体の普通交付税配分額を少しずつ減額して普通交付税総額と一致させています。

一方、地方交付税総額は国税の一定率を原資としますので、原資である国税が伸びた場合、地方交付税総額は増える結果になります。そうした場合、国が補正予算で地方交付税総額を増額し、普通交付税の再算定が行われます。再算定で増額した部分を自治体に配分する場合に、まず調整率で減額した部分を戻して対応します。これが「調整戻し」です。

Q9 ▶ 普通交付税の検査

普通交付税の検査というのが何年かに一度あるのですが、具体的に誰が何を検査するのでしょうか。また、その結果は何に反映されるのでしょうか。

普通交付税は、地方交付税法（地方交付税法第17条の3）に基づき交付税の額の算定に用いた資料に関する検査が行われます。検査の実施は、都道府県や指定都市等については総務大臣が行い、その他市町村については都道府県知事が行います。

検査対象は、普通交付税及び特別交付税の算定に用いた資料全てになります。検査の頻度ですが、各地方公共団体において最低3年に1回は本検査を行うこととされています。この検査は、過去に報告した基礎数値に誤りがないか、適正に算定されているかを検査されるもので、算入数値に誤りがあれば錯誤措置として次年度の普通交付税に反映されることになります。

したがって、算入数値に大きな誤りがあれば、翌年度の普通交付税で錯誤措置がされる数値が大きくなり、思わず交付税が減額となるので、毎年の基礎数値の報告には正確さを期すように心がける必要があります。

Q10 ▶ 特別交付税算定のルール

　特別な財政需要があった場合や、特別な財政収入の減があった場合には、特別交付税が交付されると聞きました。この特別交付税のルールや算定基準を教えて下さい。

　特別交付税は毎年度の財政運営で特別な財政事情が出てきた場合に算定されるもので、年2回、12月と3月に交付されます。12月交付は、災害関係経費等早期に交付することが必要なもの及び12月時点において基礎数値の把握が可能なもののうち所定の算定ルールに基づいて算定される項目について交付されるものです。算定ルールは特別交付税に関する省令において定められています。概ね夏頃から10月にかけて、各団体は国に数値報告を行い、それに基づいた算定が行われます。なお、12月交付は、特別交付税全体の3分の1以内となっています。

　次に、3月交付はその他特別な財政事情がでてきたものを、その年度の団体の財政運営状況を参考にしながら決定されます。例えば、下半期に豪雪など大きな自然災害が発生した場合には、3月で対応されることになります。この3月交付と12月交付をあわせて特別交付税として決定されますが、地震や風水害などの大規模災害が発生した年度は、団体間の交付額に大きく差がでることがあります。

Q11 ▶ 特別交付税の国（総務省）への要望

特別交付税について、自治体の特別の財政需要が生じたり、収入減を国等に訴えると特別に取りはからってくれるものなのでしょうか。

特別交付税は、普通交付税で補足できない特別の財政需要に対応して交付されるものです。ただ一方で地方交付税総額の6％という総額の枠がはまっていますので、すべての特別な財政需要について対応できるものではありません。特別な財政需要を国に説明する機会はありますが、特別かどうかは団体間の財政需要の比較でどこかまで必要かを見極めることで決定がされるため、国への要望の訴える力で交付額が増えるものではありません。ただし、特別な財政需要は、地域によって事情が異なりますので、実情を的確に国に伝える努力は必要です。

一方で、大規模災害の発生などの大きな財政需要が発生した場合には総額が不足することが起こります。そのような場合には、国は国家予算を補正し、特別交付税総額を増やして対応してきているのがこれまでの実態です。

第3章 地方債

Q1 ▶ 地方債の発行条件

自治体の発行する地方債は自治体の裁量で自由に発行できるので
しょうか。

　地方債は、地方財政法第5条の3により地方債をもって財源とできる
ものが制限されています。その前提のもと地方債を発行する場合、総務
大臣又は都道府県知事に対する地方債の協議（許可）が必要とされてい
ます。なお、財政状況について一定の基準を満たす地方公共団体につい
ては、原則として、民間等資金債及び公的資金を充当する一部の地方債
にかかる協議は不要とされていますが、この場合も事前に届出を行う必
要があります。

　この地方債協議制度は、平成18（2006年）年度に地方債許可制度から
移行したもので、地方公共団体は協議の手続きを経れば、総務大臣また
は都道府県知事の同意がなくとも、地方債を発行し得ることになってい
ます。さらに、平成24（2012年）年度からは、地方公共団体の自主性・
自立性を高める観点から協議制度を一部見直し、民間資金債に係る事前
届出制度が導入され、平成28（2016年）年度からは、協議不要基準の緩
和が行われて現在に至っています。

　各自治体は、毎年度の予算で計上した地方債を借り入れるために、事
業計画に基づいた起債計画書を作成し、適切な時期にそれぞれ地方債発
行の同意（許可）協議を行います。同意（許可）協議は通常、上・下半
期にそれぞれ1回、計2回（国の補正予算に係るものなど、年によって
はさらに複数回ある）で、同意（許可）が得られれば、資金区分に基づ
き金融機関等から資金調達をすることになります。

地方財政法

（地方債の制限）

第五条　地方公共団体の歳出は、地方債以外の歳入をもつて、その財源としなければならない。ただし、次に掲げる場合においては、地方債をもつてその財源とすることができる。

一　交通事業、ガス事業、水道事業その他地方公共団体の行う企業（以下「公営企業」という。）に要する経費の財源とする場合

二　出資金及び貸付金の財源とする場合（出資又は貸付けを目的として土地又は物件を買収するために要する経費の財源とする場合を含む。）

三　地方債の借換えのために要する経費の財源とする場合

四　災害応急事業費、災害復旧事業費及び災害救助事業費の財源とする場合

五　学校その他の文教施設、保育所その他の厚生施設、消防施設、道路、河川、港湾その他の土木施設等の公共施設又は公用施設の建設事業費（公共的団体又は国若しくは地方公共団体が出資している法人で政令で定めるものが設置する公共施設の建設事業に係る負担又は助成に要する経費を含む。）及び公共用若しくは公用に供する土地又はその代替地としてあらかじめ取得する土地の購入費（当該土地に関する所有権以外の権利を取得するために要する経費を含む。）の財源とする場合

（地方債の協議等）

第五条の三　地方公共団体は、地方債を起こし、又は起こそうとし、若しくは起こした地方債の起債の方法、利率若しくは償還の方法を変更しようとする場合には、政令で定めるところにより、総務大臣又は都道府県知事に協議しなければならない。ただし、軽微

な場合その他の総務省令で定める場合は、この限りでない。

2　　前項の規定による協議は、地方債の起債の目的、限度額、起債
　の方法、資金、利率、償還の方法その他政令で定める事項を明ら
　かにして行うものとする。

Q2 ▶ 地方債発行のルール

地方債を発行するにあたっての決まり、ルールにはどのようなものがありますか。

地方債には、地方債同意等基準が総務省で決められているのでそれに基づいて地方債計画を策定し同意等を受けるものとなります。協議等についての具体的なルールは、事業区分ごとに示されており、具体的な事業の対象項目、充当率、資金区分、協議事項などは、総務省が定める地方債同意等基準運用要綱において規定されています。また、償還年限については、それぞれの事業に係る公的資金の償還年限との均衡や、公的資金の償還年限が最長30年（建設改良費等に係る公営企業債（一般会計債のうち、公営企業の施設の整備に係る過疎対策事業を含む。）にあっては最長40年）であることに照らし、原則として、償還年限は30年以内（建設改良費等に係る公営企業債にあっては40年以内）とすることが適当であるものとされています。

参考

令和5年度地方債同意等基準（抄）

令和5年総務省告示第171号

1　地方債同意等基準は、地方財政法第5条の3第10項の規定に基づき、地方公共団体の自主性及び自立性を高めるとともに、その運用の公正・透明性の確保を図る観点から、定めるものとする。
2　令和5年度の地方債の同意又は許可（以下「同意等」という。）は、令和5年度地方債計画の事業別計画額を基準として行うものとする。また、地方債の資金に関しては、公的資金は民間資金の補完であることを基本とし、各資金及び事業の性格、事業量並びに地方公共団体の資金調達能力、財政状況及び財政運営の健全性等を踏まえた適切かつ柔軟な資金配分を行うものとする。

Q3 ▶ 地方債の発行限度

地方債の発行額は自治体の財政規模によって、または財政状況によって決まっているのでしょうか。

・・・・・・・・・

健全な財政運営をしている場合には、特に制限がかかるわけではありませんが、自治体の財政規模（標準財政規模）からして相当大きな金額を発行する場合には、財政秩序を損なう可能性があるため要注意です。どちらにしても地方債同意等基準の一般的同意基準に合致することが必要です。

参考

令和5年度地方債同意等基準（抄）

令和5年総務省告示第171号

第二　協議団体に係る同意基準

一　一般的同意基準

1　一般的事項

（1）　地方債の協議は、地方債計画の事業区分を基本とし、二に定める事業区分を協議の単位として行うものとする。

（2）　地方債の協議においては、原則として、一般的同意基準に掲げる事項に合致するものについて、同意するものとする。

2　地方債を財源とする事業

地方債の発行は、世代間の負担の公平や地方債を発行する地方公共団体の財政運営の健全性、財政秩序の維持、受益者負担の原則等を損なわないものである必要があり、それぞれの事業に係る同意に当たっては、次のような点についても、留意するものとする。

(1)　公営企業（主としてその経費（一般会計又は他の特別会計からの繰入れ（以下「他会計繰入金」という。）による収入をもって充てることとされている経費を除く。）を当該事業により生じる収入をもって充てることのできる事業をいう。以下同じ。）の財源に充てるための地方債（以下「公営企業債」という。）については、建設改良費及び準建設改良費（省令第12条及び附則第8条に規定する建設改良費に準ずる経費をいう。）（以下「建設改良費等」という。）等の公営企業に要する経費の財源とする場合であって、償還期限を定めない公営企業債の場合を除き、当該経費が合理的な期間内に、当該事業により生じる収入、合理的な範囲内における他会計繰入金等によって、確実に回収されることが見込まれると認められるものであること。

(2)　出資金又は貸付金の財源に充てるための地方債については、出資金にあっては、地方債の償還財源としての出資金が当該地方公共団体の財産として将来にわたり出資先に維持される等地方債を財源として出資を行うことに合理性があるものであること。貸付金にあっては、貸付金の回収が確実と認められるものであること等地方債を財源として貸付けを行うことに合理性があるものであること。

(3)　借換債については、当初の実質的な償還年限の範囲内のものであって地方公共団体の負担の増大をもたらすものでないもの、施設の耐用年数に比して財源とした地方債の償還期間が短いこと等により元利償還の平準化や償還年限の延長を図ることに合理的な理由がある場合等であって、借換後の償還年限が、施設の耐用年数の範囲内である等当該地方公共団体の財政運営上、適切と考えられるものであること。

　　災害応急事業費、災害復旧事業費及び災害救助事業費（以下「災害復旧事業費等」という。）の財源に充てるため

の地方債については、当該災害復旧事業等の対象とする公共施設、公用施設等の復旧に必要な範囲内のものであること。また、災害救助事業等の財源とする場合においては、地方交付税による財源措置等との均衡がとれた範囲内のものであること。

(5) 公共施設又は公用施設の建設事業費の財源に充てるための地方債については、当該事業に係る地方債の元利償還を主として税等によることが適当と認められる事業であって、かつ、事業費のうち地方債を財源とする割合が、世代間の負担の公平等の観点から適当と認められる範囲内のものであること。

(6) 補助金の財源に充てるための地方債については、地財法第5条第5号に規定する法人が行う地方公共団体が自ら公共施設を建設する事業と同様の建設事業であって、助成の範囲が公共性等の観点から合理的な範囲のものであること。

(7) 公共施設等の除却に要する経費の財源に充てるための地方債については、地財法第33条の5の8に規定する地方公共団体における公共施設等の総合的かつ計画的な管理に関する計画(以下「公共施設等総合管理計画」という。)に基づいて行われることにより、財政負担の軽減、平準化等が図られると認められる除却事業を対象とするものであること。

Q4 ▶ 地方債の借入先・利率決定

> 　地方債はどこで、誰から借り入れるのでしょうか。また、借り入れの形態や額、利率はどうやって決まるのでしょうか。

　地方債の借り入れ先は、地方債同意等基準運用要綱に示される資金区分に基づき地方債計画の資金に沿って割り振られます。借り入れ先は、財政融資資金、地方公共団体金融機構資金、国の予算等貸付金の公的資金、市場公募資金、銀行等引受債として金融機関等からの借入金です。借り入れの形態は、普通貸借か証券発行の方式を選択することになりますが、市場公募債を発行できる団体は証券発行が中心となり、それ以外の団体は普通貸借での借り入れを行います。金利については、財政融資資金は財務省が、地方公共団体金融機構債は金融機構が借り入れ年限に基づいて定めた金利での資金調達になります。一方、市場公募債、銀行等引受債は市場金利をベースに入札、見積もり合わせで決定された金利での資金調達になります。

参考

● 銀行等引受債の金利

> 　金利は下図のように決められてきます。資金調達する際にはその仕組みを理解したうえで、スプレッド部分の最小化をめざします。

スプレッド⇒金融機関との交渉で決まる部分
借り手の財政状況、金融機関と自治体全体のかかわり方、金融機関の採算などで決まる。

指定金利⇒市場で決まるベース部分
（TIBOR.、金利スワップレートなど）

金利スワップレートを使う場合、まず自治体の借入条件を返金償還年限に置き換えて該当する、金利スワップレートを使う

Q5 ▶ 地方債の借入期間、据え置き期間

地方債を借り入れる期間は何年くらいなのでしょうか。また、借りたらすぐに返し始めなければならないのでしょうか。

借入期間は最大30年を限度に施設の耐用年数などから資金調達の期間を決めていきます。ただし、資金区分によっては長期調達ができないものもありますので、その場合は借り換えを前提に期間を決めていきます。据え置き期間は設けることも設けないこともできます。据え置き期間の考え方は、財務諸表でいう建設仮勘定の考え方で、建設投資が行われ施設がサービスに供されるまでの間を元金の据え置き期間として設定する場合があります。概ね5年までの間で建設投資が行われている期間をベースに据え置き期間を設定するといいと思います。あまり長く設定すると、後年度における毎年度の元金償還額が大きくなり財政負担の増大を招くので注意しなければなりません。

Q6 ▶ 地方債の公募発行

地方債の種類にはどのようなものがあるのでしょうか。

不特定多数の投資家から資金を調達する場合と、地元などの金融機関から調達する場合の違いは何でしょうか。また、投資家から資金を調達する際の、地方債の発行の方法にはどのような種類がありますか。

地方自治体が、不特定多数の投資家から起債市場で公募する地方債を市場公募地方債といいます。市場公募地方債の発行が認められている自治体は、令和3（2021）年度現在、39都道府県と政令指定都市のすべて20市です。その他、自治体が共同して公募債を発行する共同発行市場公募債、住民参加型市場公募債（いわゆるミニ公募債）があります。

市場地方公募債の借入条件は、どの公募団体も入札で金利を決めていくことになりますが、金利水準は起債市場で他の市場公募債との均衡を考慮したものになるため、団体間で大きく金利差がつきにくくなっています。

一方で、公募地方債を発行しない自治体の銀行等引受債は、金融機関との相対取引で金利が決まります。こちら方の借入条件は、Q4の参考で示しているように決まってきます。借入金利はベースとなる金融機関の調達金利が金融マーケットの中で決まってきますので、それに上乗せされる利率を加味してもそれほど大きく団体間で格差が出ないものとなっています。

Q7 ▶ 地方債の発行時期

地方債を発行するのに適した時期はあるのでしょうか。また、事業によってはどのタイミングで行うのが良いのでしょうか。

　一般の市町村が、地方債を民間金融機関から調達する場合には、少しでも有利な条件で借り入れを行うことができれば、財政運営上にいい影響を与えることになります。通常は、事業が完成する時期もしくは工事費等を支払うなど資金需要が発生する時期に合わせて地方債による借り入れを行うことになるので、毎年度後半の３月から出納整理期間の４月・５月にかけて借り入れを行うことが多いのではないかと思います。

　この時期に資金調達が多くなることから、自治体によっては、市場金利の動向を見ながら、金利上昇リスクを避けるために調達時期をずらすなどの工夫をしているところがあります。

　もっとも、金融機関の関係者によると、金融市場側も３月から５月にかけて自治体からの資金需要が増えることを織り込んで年間の計画を立てているので、市場金利には大きく影響しないという意見もあります。

Q8 ▶ 資金調達での多様化

地方債にもいろいろな種類がありますが、何を基準にしてどう選べば良いのでしょうか。何か決まりはあるのでしょうか。

　地方債事務において留意したいのが、元金償還の平準化と金利を低く抑えることです。将来の財政運営に影響を与えるのでここが一番大切です。長期間で低金利の組み合わせがベストな選択ですが、期間が長くなると当然金利は上昇します。したがって、期間と金利の組み合わせでベストチョイスできる工夫が必要になってきます。その場合には、金融市場に向かい合い、動きを見ながら資金調達を行うことが必要です。

　特に、金利のイールドカーブが右肩上がりの場合（長期金利が高くなる傾向）は、期間を短くして借り換えを前提に資金調達を行うことも選択肢の一つになってきます。

Q9 ▶ 指定金融機関との関係

> 指定金融機関は、かつては収納手数料などを無料で行っていました。ところが金融機関も経営が厳しいのか、収納手数料や庁内の派出所の人件費を支払って欲しいと言ってきましたが、このような事態にどのように対処したら良いでしょうか。

　近年、指定金融機関制度が揺らいでいます。その主な要因は、金融機関を取り巻く環境が激変していることです。ネットバンクやコンビニ収納などにより、公金を取り巻く環境が様変わりしています。これまで、金融機関は地方自治体の指定金融機関になることで地域でのステータスを確保し、預金という形でもって資金を自動的に集めてきました。近年は、預金、振り込み、資金運用が多様化し指定金融機関としてのメリットは少なくなっています。また、金融機関も合理化を急ピッチで進めており、近い将来には銀行窓口やATMが街から消えることも現実化しそうな情勢になっています。その中で、指定金融機関（収納代理金融機関含む）と自治体の関わりも変わらざるを得ない環境になっています。役所の中の金融機関の派出所、口座振替、窓口収納のコストも低廉もしくは無料の時代から、必要な対価を支払わないと実施環境を維持できないものとなっています。それとあわせて、金融機関からの資金調達にもビジネスライクな取り組みが必要になります。また、令和6年10月からスタートする内国為替制度運営費の導入は、指定金融機関への公金収納等事務に対する経費の取り扱いの部分で新しいスタートを迎えます。地方債の借り入れ金利、自治体内派出所経費、公金収納等事務のすべてにおいてトータルな戦略が今自治体に求められています。

指定金融機関等に取り扱われている公金収納等事務に要する経費の取り扱い等について

（各都道府県市区町村担当部長へ総務省自治行政局行政課長、自治税務局企画課長通知、令和4年3月29日）

（通知抜粋）

　各地方公共団体は、公金収納等事務のデジタル化を推進していくことと併せて、現時点における公金収納等事務についての適正な経費負担となるような見直しを行い、公金収納等事務の効率化・合理化を通じて、国民生活の利便性の向上及び社会経済活動全般の効率化を図るようお願いします。

　内国為替制度運営費の導入について

　銀行間の為替取引における仕向銀行（送金元）が被仕向銀行（送金元）に対して支払うこととされ、個別銀行間の協議により定めた手数料である銀行間手数料は、「成長戦略実行計画」（令和2年7月17日閣議決定）等を踏まえ、一般社団法人全国銀行資金決済ネットワークが定める「内国為替制度運営費」へ移行することとされ、これにより、地方公共団体における銀行間の為替取引を伴う公金の支出（給与・賞与の支給に係るものは除く。）についても、これまでの無料であった仕向銀行における手数料負担が令和6年10月から1件62円（税別）へ変更となること。

Q10 ▶ 臨時財政対策債は赤字地方債なのか

臨時財政対策債は100%交付税措置されるとなっているので、普通交付税と考えても良いのでしょうか。ただし、これを赤字地方債だという議論もあるようですが、どう考えたら良いでしょうか。

　臨時財政対策債は、地方財政全体の一般財源の不足に対処するため、投資的経費以外の経費にも充てられるように地方財政法第5条の特例として発行される地方債です。その総額は地方財政対策として地方財政計画に計上され、各地方公共団体が特例として発行するものとなっています。したがって、その元利償還金相当額については、全額を後年度の普通交付税の基準財政需要額に算入することとされ、各地方公共団体の財政運営に支障が生ずることのないよう措置されています。よって、資金不足を埋める赤字地方債ではなく、地方の一般財源不足を国が財源保障する形で制度設計された財源と考えるべきものです。ただし、地方交付税のところでも解説しましたが、基準財政需要額に算入されても実額が交付税で見積もられて交付を受けるのではなく、あくまでも財源保障を受けるものという理解は必要です。

Q11 ▶ 繰上償還、借り換え

かつて高い金利の時に借り入れた地方債があります。金利の状況や財政状況をみて、繰上償還や借り換えはできるのでしょうか。

　まず、繰上償還ですが、金融市場で借入を行った場合には、期間利子として金利を支払う契約を行いますので、相当の金利補償なしでは繰上償還はできないものとなります。つまり、繰上償還する場合には、契約条項に繰上償還が可能となっていることを前提に、将来に発生する金利相当額を支払うことができれば可能となります。つまり、繰上償還は通常償還と財政負担上は変わりのないものとなります。かつて高金利の対策として国の支援により繰上償還を行った時期がありましたが、これが実施できたのは、国が金利補償分をカバーしたことによるものです。

　次に、借り換えですが、当初から借り換え前提で地方債を借り入れたものを時期が来て借り換えするものと、借入期間を財政事情に合わせて約定（契約）の期間から再度伸ばすことの二つがあります。前者は通常の借り換えですので、一旦約定（契約）どおり償還して同日に新しい約定（契約）に基づいて新金利で借り入れします。一方、後者はリスケジュールになりますので通常は約定（契約）するものではないため、できないのが実態です。例えば、10億円を毎年度１億円、10年間で償還する約定（契約）をして資金調達ている場合に、８年目から１億円を５千万円に減額して借り入れしたいといったケースです。この場合は一旦７年終了後に繰上償還を行い（約定で繰上償還が可能な場合に限ります）、８年目から残る３億円を毎年度５千万円、６年償還での再度借り入れを行うことであれば可能です。ただし、７年目に繰上償還する際に当初契約における８年目から10年目までの金利補償をする必要がありますので、財政運営上金利負担は増えます。総合的にみればどれだけ財政効果があるかは疑問です。

繰上償還も借り換えも相当の金利補償なしではできないことになりますので、当初の借り入れの際に、借入期間を金利水準も見ながら借り換え前提で短期に設定するか、長期での設定するのかを決めておくことが必要です。途中での変更はできないことを前提に慎重な決定が必要です。

第4章　決算

Q1 ▶ 決算の意義と役割

> 　自治体の決算は何のためのものでしょうか。その意義と役割について教えて下さい。

　首長は、予算を編成し、議会の議決を得た予算を執行して行政サービスを展開します。年度が終了した後、その年度の予算の使い方、実施した主要な施策の成果を議会に提出して議会の認定を受けることとなります。そして、議会で認定された後、認定に付した決算の内容を住民に公表することが法で規定されています。行政の PDCA サイクルでいえば、DO と CHECK の部分であり、何に対してどのようにお金を使ってどんな成果をだしたのかが、一番大切な部分となります。決算で成果を分析することで PLAN（予算）につなげるように PDCA サイクルを回すことになっていきます。

　なお、決算を議会が認定しなかった場合でもすでに執行した収支については有効であり、決算の効力に影響を与えるものではないのですが、首長は認定されなかったことで政治的責任は免れないものと言えます。

Q2 ▶ 決算の書類

決算にあたっていくつもの書類を作成しています。なぜ種類がいくつもあり、それぞれどのような役割があるのでしょうか。

決算の調製の様式は、地方自治法施行令第166条第3項に基づき、地方自治法施行規則第16条で示す様式を基準としなければならないものとなっています。これは予算書と同様で、全国の自治体が統一した書類で決算書類を揃えることにより、民意の認定を受ける考えから、住民はどこでも同じように見ることができるようにしています。決算書類は、①歳入歳出決算書②歳入歳出決算事項別明細書③実質収支に関する調書④財産に関する調書となっています。それに合わせて、地方自治法第233条第5項で決算に係る会計年度における主要な施策の成果を説明する書類を議会に提出することとなっています。この成果を説明する書類は様式の基準がなく自治体のオリジナルで作成することができるものとなっています。これだけの書類を準備する必要があるのは、民意の統制を受けた予算がどのように使われて、結果どのような成果をうみだしたのかを住民に明らかにして首長が説明責任を果たすためのものとなります。

書類の役割ですが、①と②は、予算書と同じ様式になっており、予算をどのように使ったかがわかるようになっています。③は歳入歳出の執行の結果、歳入決算額、歳出決算額、歳入歳出差引額、翌年度への繰り越すべき財源、実質収支額等の内容を表します。④は財産に関する調書で公有財産（土地及び建物、山林、動産、物件、無体財産権、有価証券、出資による権利、財産の信託の受益権）物品、債権及び基金の前年度末現在高、決算年度増減額、決算年度末現在高を表すものとなっています。また、主要な施策の成果を説明する書類は、いわゆる成果報告書です。これを事業評価として作成して自治体の行財政運営に活用している団体も多くなってきています。

Q3▶ 決算を政策形成に活かすには

何種類も作成した決算書から、何かを読み取り、政策に活かす方法やポイントがあればお教え下さい。

　二つの視点が必要です。一つは、歳入歳出決算の状況を分析し、実質収支額がどのようになったかを検証することが大切です。決算分析はまず実質収支の状況、歳入の状況、特に、税収や交付税などの一般財源収入の分析を行います。一方、歳出では、各費目の前年度増減分析に加え、人件費、公債費、扶助費などの性質別経費の状況を分析して財政指標の状況を確認しておくことになります。なお、性質別経費の状況、財政指標は決算書ではでてきませんので、決算統計（正式には「地方財政状況調査」、地方自治法第252条の17の5第2項の規定に基づいて毎年決算時に作成し、国に報告している統計）を活用して分析することになります。併せて、財産の状況、特に基金残高の状況は、財政運営上大切な項目となりますので状況を分析しておく必要があります。このような分析結果は、決算認定のために議会に提出する際に自治体独自で資料を作成して報告をしておくとより分かりやすい決算説明になります。

　二つ目の視点は、施策・事業の成果の確認です。行政サービスの向上にはこの決算時点での成果の確認は必要不可欠です。決算認定の際に提出する主要な施策の成果報告書を活用して、施策・事業の成果、課題、修正点を明らかにして、当該年度、次年度の政策形成に活かすことがポイントになります。

Q4 ▶ 決算の実績報告書

決算の実績報告書とは何が根拠となり、どうやって作成して、誰に報告するものなのでしょうか。

実績報告書の法的根拠は、地方自治法第233条第5項で決算に係る会計年度における主要な施策の成果を説明する書類を議会に提出することに基づいています。作成様式、手法は決められたものはありませんので、自治体のオリジナルで作成できます。したがって、これを活用して成果報告書として活用することができます。この報告書は、決算の認定を議会で審議される際の資料になるとともに、住民に公表することになります。参考として、兵庫県川西市の決算成果報告書を記載します。平成11（1999）年度決算から現在の様式にリニューアルし、毎年度改良を加えながら今日に至っています。施策別評価と事業別評価の二段階評価を実施しています。

★決算成果報告書（令和3年度川西市）

決算書の付属資料→地方自治法第233条第5項…決算認定を議会に付するにあたっての付属資料

★行政サービス成果編の見方（1）

1．行政サービス成果編の見方について

○第5次川西市総合計画「かわにし　幸せ　ものがたり」の後期基本計画政策構造

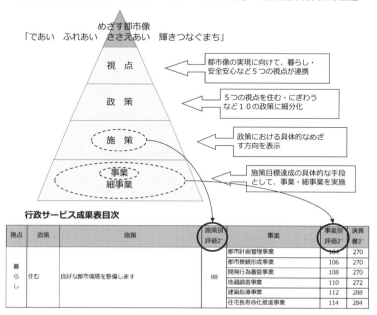

めざす都市像
「であい　ふれあい　ささえあい　輝きつなぐまち」

視　点 — 都市像の実現に向けて、暮らし・安全安心など5つの視点が連携

政　策 — 5つの視点を住む・にぎわうなど10の政策に細分化

施　策 — 政策における具体的なめざす方向を表示

事業
細事業 — 施策目標達成の具体的な手段として、事業・細事業を実施

行政サービス成果表目次

視点	政策	施策	施策別評価ｐ	事業	事業別評価ｐ	決算書ｐ
暮らし	住む	良好な都市環境を整備します	88	都市計画管理事業	104	270
				都市景観形成事業	106	270
				開発行為審査事業	108	270
				地籍調査事業	110	272
				建築指導事業	112	288
				住宅長寿命化推進事業	114	284

※　事業のうち、行政内部の管理関係事業については、掲載していないものがあります。

○**各施策別、事業別行政サービス成果表での職員人件費・減価償却費の計上について**

＜人件費について＞

・人件費は正・再任用職員平均人件費×職員数＋会計年度任用職員人件費で算出しています。
（一般会計における平均人件費：職員8,147千円、再任用職員4,644千円とし、
職員共済組合負担金と退職手当組合負担金を含む）

※会計年度任用職員人件費について
令和2年4月1日より臨時・非常勤職員の勤務条件等の見直しのため会計年度任用職員制度が
導入され、嘱託職員、臨時職員のほぼ全ての職員が会計年度任用職員に移行しました。
これに伴い、これまで事業費に含まれていた嘱託職員、臨時職員に係る人件費を事業費から
除き、人件費に計上しています。
そのため、事業別行政サービス成果表の「4.事業目的達成のための手段と成果」で掲載している
細事業事業費には、会計年度任用職員人件費を含んでいません。

＜減価償却費について＞

・行政サービスの「成果」と「コスト」の対応関係をより明確に示すため、平成30年度決算成果
報告書より「公債費」を「減価償却費」に変更しています。

★行政サービス成果編の見方（２）

○施策別行政サービス成果表の施策評価について

第５次総合計画後期基本計画における施策の達成度を可視化するものとして、各施策に「施策評価指標」を設定し、指標を設定した際の基準値（平成２８年度又は平成２９年度値）及び各年度の実績値、後期基本計画の最終年度である令和４年度を目標年度とした目標値を表示しています。

目標値及び実績値の推移はグラフで示す（目標のめざすべき方向性を矢印で表記）とともに、各評価指標を担当する部長が「後期基本計画期間の取組みをふまえた実績値の分析」、「目標達成に向けた今後の課題」について、関連する事業の成果をはじめ社会情勢の変化などを踏まえながらコメントしています。

これにより、後期基本計画を施策の達成度から評価し、市民目線に立った施策と事業の見直しに繋げていきます。

○事業別行政サービス成果表の「参画と協働の主な手法」について

令和３年度に各事業で実施した参画と協働の取組について７つの手法に分類し、主な手法を３つまで列挙しています。

> <手法の分類>市民等からの意見、審議会・検討会、住民説明・情報発信、講座・フォーラム、団体等との共催・連携、団体等への補助、団体等への委託

○事業別行政サービス成果表の【戦略】という表記について

令和２年度から令和４年度にかけて、本市は「第２次川西市総合戦略」で定めた４つの重点戦略に沿って様々な施策に取り組むこととしています。本書では、令和３年度に実施した総合戦略関連施策について、重点戦略の番号を（各取組みの前に）記載しています。

○事業別行政サービス成果表の事業の自己評価、今後の方向性について

この評価の目的は、評価過程において、事業の課題を掘り起こし、明らかにすることで、次年度以降の業務改善に繋げようとするものです。

「自己評価」は、各事業を所管する部長が、前年度と比較した事業の成果を「有効性」と「効率性」の観点から、それぞれ四段階で評価しています。

「事業の課題」は、令和３年度に明らかになった、事業目的達成への課題を記載しています。

「後期基本計画期間を振り返った上での令和４年度以降の方向性」は、「後期基本計画を振り返っての総括」欄に第５次総合計画後期基本計画の期間中の総括を記載し、「令和4年度以降の方向性」欄に事業目的達成に向けた令和４年度以降の事業の概要及び方向性を記載しています。

★二段階評価の試み

森をみる
（施策別行政サービス成果表）

アウトカム

視点を変えてサービスを見直す

木・枝・葉をみる
（事業別行政サービス成果表）

アウトプット

施策別 行政サービス成果表

視点	02 安全安心
政策	03 安らぐ
施策	17 生活習慣病の予防をはじめ、市民の健康づくりを推進します

コスト合計	H30	R1	R2	R3	R4	合計
	1,056,832千円	1,040,212千円	1,107,535千円	2,387,362千円		5,591,941千円

【事業・コスト一覧】

事業名	R3年度 事業費	職員人件費	減価償却費	合計	担当課
健康づくり推進事業	93,626千円	80,857千円	522千円	175,005千円	健康医療部 保健・医療政策課
保健対策事業	112,527千円	36,760千円	128千円	149,415千円	健康医療部 保健センター・予防歯科センター
予防事業	1,499,785千円	208,390千円	393千円	1,708,568千円	健康医療部 保健センター・予防歯科センター
健康診査事業	182,708千円	119,229千円	6,044千円	307,981千円	健康医療部 保健センター・予防歯科センター
特定健康診査実施事業	6,331千円	4,312千円	0千円	10,643千円	健康医療部 保健センター・予防歯科センター
特定保健指導実施事業	492千円	3,660千円	0千円	4,152千円	健康医療部 保健センター・予防歯科センター
後期高齢者健康診査実施事業	1,143千円	0千円	0千円	1,143千円	健康医療部 保健センター・予防歯科センター
歯科保健推進事業	11,085千円	19,052千円	318千円	30,455千円	健康医療部 保健センター・予防歯科センター

【施策評価指標】

	評価指標		
	定義	方向性	市民実感調査より
1	健康づくりに意識的に取り組んでいる市民の割合	↗	
	後期基本計画期間の取り組みをふまえた実績値の分析		新型コロナウイルス感染症の影響下でも健康づくりの各種事業を継続して実施することで、目標には到達していないものの、昨年度と同等の割合を維持した。
	目標達成に向けた今後の課題		・ウィズコロナにおける行事等の継続・再開を進め、より多くの市民が運動習慣化できるよう継続的な働きかけを行う必要がある。
	担当課		健康医療部保健センター・予防歯科センター

傾向

健康づくりに意識的に取り組んでいる市民の割合

	基準値	H30	R1	R2	R3	R4（目標値）
	67.6	73.5	71.9	71.8	72.2	80.0

100　第1編　財政の基本

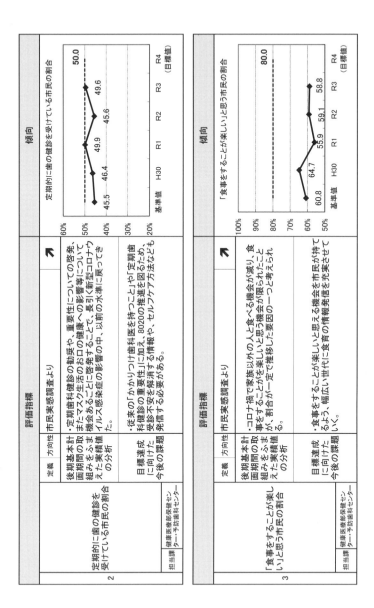

評価指標

2 定期的に歯の健診を受けている市民の割合

定義	方向性	市民実感調査より
	↗	

後期基本計画期間の取組みをふまえた実績値の分析
・定期歯科健診の勧奨や、重要性についての啓発、またマスク生活でのお口の健康への影響等について機会あるごとに啓発することで、長引く新型コロナウイルス感染症の影響の中、以前の水準に戻ってきた。

目標達成に向けた今後の課題
・従来の「かかりつけ歯科医を持つこと」や「定期歯科健診の重要性」に加え、8020の推進を図るため、受診不安を解消する情報や、セルフケアの方法なども発信する必要がある。

担当課　健康医療部保健センター・予防歯科センター

傾向　定期的に歯の健診を受けている市民の割合

	基準値	H30	R1	R2	R3	R4（目標値）
	45.5	46.4	49.9	45.6	49.6	50.0

（目盛：60% / 50% / 40% / 30% / 20%）

評価指標

3 「食事をすることが楽しい」と思う市民の割合

定義	方向性	市民実感調査より
	↗	

後期基本計画期間の取組みをふまえた実績値の分析
・コロナ禍で家族以外の人と食べる機会が減り、食事をすることが楽しいと思う機会が限られたことが、割合が一定で推移した要因の一つと考えられる。

目標達成に向けた今後の課題
・食事をすることが楽しいと思える機会を市民が持てるよう、幅広い世代に食育の情報発信を充実させていく。

担当課　健康医療部保健センター・予防歯科センター

傾向　「食事をすることが楽しい」と思う市民の割合

	基準値	H30	R1	R2	R3	R4（目標値）
	60.8	64.7	55.9	59.1	58.8	80.0

（目盛：100% / 90% / 80% / 70% / 60% / 50%）

事業別行政サービス成果表

1. 事業名等

事業名	健康づくり推進事業		決算書頁	206
視点・政策	02 安全安心・03 安らぐ			
施策	17 生活習慣病の予防をはじめ、市民の健康づくりを推進します			
所管部・課	健康医療部 保健・医療政策課 健康医療部 保健センター・予防歯科センター	作成者	課長 佐藤 康之 所長 坂上 利治	

2. 事業の目的

健康に関する市民意識の醸成と、正しい知識の普及・啓発及び保健医療サービスの向上を図る

3. コスト情報

事業コスト

		R3年度	R2年度	比較
総事業費		175,005	179,063	△ 4,058
内訳	事業費	93,626	109,960	△ 16,334
	人件費 正・再任用職員	77,967	65,720	12,247
	任期付職員・会計年度任用職員	2,890	2,861	29
	減価償却費	522	522	
(参考) 正・再任	正職員	9	8	1
用職員数（人）	再任用職員	1		1

財源 (単位：千円)

	R3年度	R2年度	比較
一般財源	144,891	131,091	13,800
国県支出金	28,144	46,859	△ 18,715
地方債			
特定財源（その他）	1,970	1,113	857

4. 事業目的達成のための手段と成果

<細事業１>	健康づくり推進事業		細事業事業費（千円）	18,805
(1)参画と協働の主な手法 （実績）	審議会・検討会	講座・フォーラム	団体等への補助	

(2) R3年度の取組と成果

主な取組
① 健康大学の実施（委託料）…568千円
② 保健医療機関等団体に対しての補助（補助金）…15,397千円

1. 健康に関する市民意識の醸成と、正しい知識の普及・啓発を目的とした各種事業を行った。
   (1) 健康大学を市医師会に委託して実施（全6回）
   (2) 献血推進協議会等の組織との連携による地域での各種保健事業の啓発
   (3) 血管年齢・身体バランス（姿勢）を機器を使って測定する各等の「出前健幸測定会」を地域協働で開催
   ※ 例年実施している歯と口の健康フェア、隔年実施している各食育フォーラムは新型コロナウイルス感染症の影響により中止

▼主な事業の参加人数 　　　　　　　　　　　（単位：人）

	H29	H30	R1	R2	R3
健康大学	99	80	94	－	22
歯と口の健康フェア	2,213	2,126	2,020	－	－
出前健幸測定会	488	1,255	803	49	33

※令和3年度の健康大学は新型コロナウイルス感染防止の為、定員を1/4にして実施

▼献血実施状況
実施回数（単位：回）
献血者数（単位：人）

	H29	H30	R1	R2	R3
実施回数	48	51	48	46	43
200ml献血者数	145	131	153	211	187
400ml献血者数	1,870	1,961	1,917	2,526	2,377

2. 市民の健康づくりと健康に関する正しい知識の普及、公衆衛生及び地域医療等の確保に関して、市医師会・市歯科医師会等の保健医療関係機関等団体に対しての補助を行った。

<細事業2> 健幸マイレージ等推進事業	細事業事業費（千円）	74,821
(1) 参画と協働の主な手法（実績）	団体等との共催・連携	講座・フォーラム

(2) R3年度の取組と成果

主な取組

1. 市民の健康づくりや運動習慣の定着を図るため健幸マイレージ事業や、きんたくん健幸体操の普及啓発を行った。

①成果連動型の手法で、健幸マイレージ事業を実施（委託料の費用等）…74,799千円

健幸マイレージ 参加の流れ

推奨歩数以上歩く

運動の行事などに参加する

BMIや筋肉率が改善する

健（検）診を受ける

など

↓

健幸ポイントが貯まる

→

商品券に交換

【地域健幸応援金】
参加者が歩いた歩数などにより
居住地のコミュニティ組織に
地域健幸応援金を交付

健幸マイレージKPI（評価指標）実績値

		目標	2018	2019	2020	2021	川西市
参加者数	新規参加者の目標達成率	90%以上	92%	107%	113%	113.3%	1133人/1000人
	継続参加者の目標達成率	90%以上	94%	98%	94%	79.0%	3603人/4558人
	新規参加者のうち75歳以上の割合	15%以上				16.9%	169人/1000人
運動不足分類	新規参加者のうち運動不足分類の割合	60%以上	77%	75%	80%	85.8%	828人/965人
継続率	直近3か月間で歩数データ一覧アップロードしている割合	85%以上	84%	73%	71%	79.3%	3756人/4736人
歩数の変化①【新規参加者】	運動不足分類のうち、推奨歩数達成が1,500歩以上増加者の割合	60%以上	56%	49%	67%	69.3%	518人/748人
歩数の変化②【継続参加者】	当月の推奨歩数以上の割合	55%以上	48%	43%	42%	39.2%	1331人/3397人
	KPI総合達成度		103%	100%	105%	103.8%	

新規参加者はどの年代でも参加開始3か月後の歩数が増加。そのうち運動不足分層の歩数は参加開始3か月後に2,439歩/日増加。

5. 担当部長によるR3年度事業成果の自己評価及び後期基本計画の総括を含めた今後の方向性

R3年度事業成果の自己評価			左記（自己評価）の具体的説明
	有効性	効率性	・前年度に引き続き新型コロナウイルス感染症の影響で中止せざるを得ない行事があった。
大きく向上した。			
向上した。	○	○	・健幸マイレージ事業は、R2年度に引き続き新規募集をWebや郵送申し込みとし、説明会を動画配信するなど、参加しやすい環境を整え、申し込み者が定員の1.5倍となった。
前年度の水準に留まった。			
前年度の水準を下回った。			

事業の課題	後期基本計画期間を振り返った上での令和4年度以降の方向性
・ウィズコロナにおける行事等の継続・再開をすすめていく必要がある。 ・より多くの市民が健康づくりに取り組み、運動習慣化できるよう継続的な働きかけを行う必要がある。	【後期基本計画を振り返っての総括】 新型コロナウイルス感染症の影響下でも健康づくりの推進に継続して取り組んだ結果、健康づくりに意識的に取り組んでいる各市民の割合が毎年同等の割合を維持している。 【令和4年度以降の方向性】 健幸マイレージ事業については、持続可能な仕組みが構築できなかったため令和4年度で終了する。 今後の健康施策については、地域で活動している団体やサークルブなどの利用促進による個々人の健康づくりの推進について検討していく。

Q5 ▶ 決算の公表

決算を公表するまでの流れと公表に際して気をつけること、しなければならないことを教えて下さい。

　決算は、議会で認定を受けると、住民への公表の手続きに入ります。公表は広報紙やホームページでできるだけ多くの方に知ってもらうように公表していきます。また、決算を議会に提案する際には、日刊紙の方にも記事提供を行い掲載してもらうことも大切です。その際に、一番気を付ける点は、わかりやすさです。紙面や画面での制約があるので、ポイントを絞ってわかりやすく掲載していくことが必要です。自治体の担当者は、これも書かないといけないという思いから、自然と掲載情報が多くなってしまいます。また、専門用語（役所用語）が多くなり読みにくい内容になりがちです。住民目線でいえばポイントだけでよく、かつ平易な用語でお知らせすることが大切です。

Q6 ▶ 決算審査の役割と意義

監査委員が行う決算審査にはどういったことが求められているのでしょうか。

 A・・・・・・・・・

監査委員による決算審査は、首長から提出のあった、決算書等の関係諸表の計数を確認するとともに、予算の執行が効率的なものかどうかを主眼において行われます。審査は概ね次の内容を、決算書等及び証拠書類の照合を中心に、関係部局からの説明を聴取するなどの方法を加えながら行われます。

●歳入歳出決算書等について
　① 決算数値の正確性
　② 予算執行の適正性、効率性
　③ 資産管理及び運用の適正化・効率性
　④ 財産管理の適正性

歳入で気を付ける点は、市税や貸付金、使用料の滞納分の収納状況です。ここは効率的に努力が重ねられているかがポイントです。

一方、歳出では、予算執行はしたもののサービスがスタートできなかったものはないか、入札ではなく安易な随契契約で予算の効率的執行になっていないものはないかを中心にチエックしておくことが大切です。

Q7 ▶ 財政健全化指標

地方公共団体の財政の健全化に関する法律で定められた財政健全化指標はどういったもので、その数字をどのように読めば良いのでしょうか。

　平成19年（2007年）6月に地方公共団体の財政の健全化に関する法律が成立し、平成20年（2008年）4月から本格的に施行されました。この法律は、従前の財政再建制度を52年ぶりに改正したもので、自治体の財政運営に与える影響は大きなものとなっています。この法律が、財政状況が悪化している自治体が増える中、「破たん法制」という発想から生まれたために、どうしても北海道夕張市のように財政破たんした場合の再建のための法律といったイメージがありますが、この法律のねらいは財政破たんへの対応ではなく、財政が悪化している団体に警鐘をならし、自治体が自律的に健全化への取り組みをすることをねらいにしたものです。したがって、財政の再生の前に早期健全化段階を導入し、財政の健全化に取り組むことを念頭に置いた法制度になっています。財政担当職員にはこの法律のねらいを理解し、財政健全化指標を活用して財政運営をしていくことが求められます。

　指標のうち、財政健全性を確認するのに最も活用するのが実質公債費比率と将来負担比率です。実質公債費比率は、地方公共団体の借入金（地方債）の返済額（公債費）の大きさを、その地方公共団体の財政規模に対する割合で表したものです。この数値が25％の基準を超えると早期健全化団体、35％の基準を超えると再生団体になります。ただし、この指標は3年平均であることは注意ポイントです。

　一方、将来負担比率は、地方公共団体の借入金（地方債）など現在抱えている負債の大きさを、その地方公共団体の財政規模に対する割合で表したものです。この数値が市町村の場合350％、都道府県の場合400％

参考

地方公共団体の財政の健全化に関する法律について

(指標の公表は平成19年度決算から、財政健全化計画の策定の義務付け等は平成20年から適用)

健全段階

健全段階

健全の整備と情報開示の徹底

○指標の整備と情報開示の徹底

・フロー指標：実質赤字比率、連結実質
赤字比率、実質公債費比率
・ストック指標：将来負担比率―公社・三セク等
を含めた実質的な負担による指標
→監査委員の審査に付し議会に報告し公表

財政の早期健全化

財政の早期健全化

○自主的な改善努力による財政
健全化

・財政健全化計画の策定（議会の決議）、外
部監査の要求の義務付け
・実施状況を毎年度議会に報告し公表
・早期健全化が著しく困難と認められる必要な場合
は、総務大臣又は知事は予算の変更等を勧告

財政の再生

財政の再生

○国等の関与による確実な再生

・財政再生計画の策定（議会の決議）、外部監査の
要求の義務付け
・財政再生計画は、総務大臣に協議し、同意を求
めることができる
【同意無】
・災害復旧事業等を除き、地方債の起債を制限
【同意有】
・収支不足額を振り替えるため、償還年限が計画期間内で
ある地方債（再生振替特例債）の起債可
・財政運営が計画に適合しないと認められる場合
等のおいては、予算の変更等を勧告

公営企業の経営の健全化

公営企業の経営の健全化

〈現行制度の課題〉
・わかりやすい財政情報の開示等が不十分
・再建団体の基準しかなく、早期健全機能がない
・普通会計を中心にした収支の指標のみで、ストック（負債等）の財
政状況に課題があっても対象とならない
・公営企業にも早期健全機能がない等の課題

地方財政再生促進特別措置法

○赤字団体が申出により、財政再
建計画を策定（総務大臣の同意
が必要）

※赤字比率が5%以上の都道府県、20%以上の市町村は、
法に基づく財政再建を行わなければ建設地方債を発行
できない。

○公営企業もそれに準じた再建制度
（地方公営企業法）

(出所：総務省HPより)

第4章 決算 *109*

の基準を超えると早期健全化団体になります。この比率の特徴は、再生団体の基準がない点と対象とする範囲に一部事務組合、広域連合、地方公社、第三セクターなどの債務を含むことです。より広範囲に財政を捉えることにより自治体が抱える潜在的な財政リスクを見える化しているところが特徴です。

　財政健全化指標は、ほとんどの団体が基準内にあります。大事なことは、基準内にあることで安心するのではなく、自らの団体の財政健全化指標が近年どのような動きをしてきているのか、また、将来、どのように推移するのかを見ておくことです。特に実質公債費比率の上昇は、じわじわ財政を悪化させます。税収源や人口減などにより財政規模が縮小している団体は、投資的事業のやりすぎに要注意です。一方でよく指標のランキングが世間で出回ることがあります。財政健全化指標における地方債の発行は、自治体のあり様やサービス水準によって大きく差があります。したがって、ランキングで他団体と比較して財政状況がよいか悪いかは一概に言えるものではないことを認識しておく必要があります。

参考

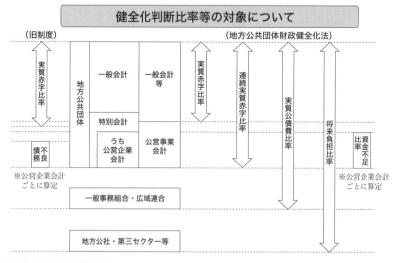

（出所：総務省HPより）

Q8 ▶ 健全団体でも財政状況は厳しい

　私の自治体は、地方公共団体の健全化に関する法律で定められた分類でいうと健全団体となります。しかし、財政は決して万全・健全とはいえず、基金を取り崩したりして毎年ギリギリの予算を組んでいるような状態です。それでも健全団体といえるのでしょうか。

　健全という言葉の取り方は様々です。健全化法に基づく健全化判断比率が基準に近づいているかどうかで判断する健全度と毎年度の収支状況が赤字体質で基金の取り崩しに依存しているなど厳しい財政環境が続いていることから見る健全度があります。

　健全化法だけで判断するとほとんどの団体は健全ですが、毎年度の厳しい財政運営をしている団体は多くあると推測します。健全化法は先の質問に回答したように、財政運営に警鐘を鳴らすシステムですので、警鐘が鳴っていないことで健全団体というのは言い過ぎだと思います。

　正しく言えば、財政運営上危なくないが財政運営上いつ赤字団体に陥ってもおかしくない団体は多くあるということです。したがって、自らの団体の状況に応じて自律的に健全化に取り組むことが必要です。

Q9 ▶ 健全化団体にならないために

財政健全化団体にならないようにするためには、何に注意して財政運営を行えば良いでしょうか。

　一番気を付けないといけないのは実質公債費比率（A）と将来負担比率（B）の動向です。公債費の増加は財政運営にかなりのダメージを与えますし、改善に時間がかかります。そのため（A）（B）とも高い水準にある場合は、非常事態宣言をして早期の健全化に取り組むべきです。特に、投資的経費の単独分の地方債発行は数年間止めるぐらいの荒治療が必要です。

　一方、（A）が高く（B）が低い水準にある場合は、数年無理せず運営すれば比較的健全化に近づきますが、もともと波のある投資事業の実施と地方債の発行を行ってきた経過があると思いますので、将来同じことを繰り返さないように施設の老朽化対策の年次的対応を計画しておくことが必要です。

　逆に（A）が低く、（B）が高い場合は要注意です。数年先に急に財政収支が悪化する可能性があるため、財政計画を少し長めに作成して財政運営の状況を監視しておくことが必要です。

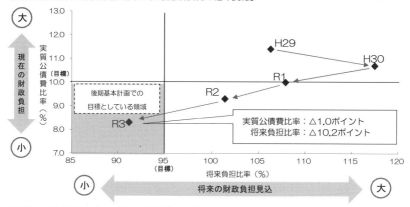

【実質公債費比率と将来負担比率による財政状況の経年変化】

（出所：兵庫県川西市平成30年度決算成果報告書より）

第5章　地方公営企業

Q1 ▶ 地方公営企業への支援方法

　　地方公営企業に対しては、財政的な支援だけでなく職員の派遣（出向）など様々な支援を自治体では行っていますが、これは正常なあり方なのでしょうか。より正しい支援のあり方についてお教え下さい。

　地方公営企業は、地方自治の発展に資することを目的に定められた地方公営企業法に基づき、常に企業の経済性を発揮するとともに、その本来の目的である公共の福祉を増進するように運営されなければならないものとなっています。また、地方公営企業の経理は特別会計を設けて行うものとし、その経費は当該地方公営企業の経営に伴う収入をもって充てるという独立採算の形式となっています。一般会計又は他の特別会計において負担する経費の原則は、地方公営企業法等で定められています。

参考

> ●地方公営企業法
>
> 　**第十七条の二**　次に掲げる地方公営企業の経費で政令で定めるものは、地方公共団体の一般会計又は他の特別会計において、出資、長期の貸付け、負担金の支出その他の方法により負担するものとする。
>
> 　一　その性質上当該地方公営企業の経営に伴う収入をもつて充てることが適当でない経費
>
> 　二　当該地方公営企業の性質上能率的な経営を行なつてもなおその経営に伴う収入のみをもつて充てることが客観的に困難であると認められる経費

なお、一般会計等において負担する経費の事業ごとの内容は、地方公営企業法施行令第8条の5で詳細が規定されており、別途総務省が定める地方公営企業操出基準に基づいて行うものとなっています。したがって、一般会計からの負担が上記の法制度に基づいたものであれば正常なあり方だといえます。職員の派遣（出向）もその人件費を企業の収入でもって充てるのであれば問題はありません。ただし、職員を派遣した場合は、企業職員の身分の取り扱いを受けますので、自治体の派遣手続きに基づき身分上の不利益が生じないようにしておくことは必要です。

Q2 ▶ 赤字の地方公営企業

　私の市にある公立病院が毎年、大きな赤字を出しています。市内には他に大きな民間病院もありません。少子高齢化や過疎化も原因の一つではないかと考えておりますが、このまま赤字を出し続ける病院を市が支え続けるのも、市の財政規模からいって限界があるように感じています。どうしたらよいのでしょうか。

　病院事業の場合、地方公営企業法の財務に関する規定は適用されます。一方、病院事業の特殊性からも一般会計からの財政支援なくしては、公立病院の存続はできません。それはそもそも公立病院の使命が不採算部門である事業を受け持つことであり、救急医療、周産期医療、小児科医療等の経費については一般会計からの負担があって病院事業が成り立つものです。一方で、多くの公立病院が赤字経営に陥っているのは上記の操出基準による支援を行っても採算が取れずに操出基準外の財政支援をしていることです。つまり医師、看護師等スタッフの確保の経費や医療器具の更新などの病院環境整備の費用が診療報酬から得る収入では十分に賄えないところが原因になっています。診療報酬が外生的に決定されますので、患者数の減などで収益があがらなければ採算は取れなくなります。特に大きい問題はスタッフの人件費が経営に大きな影響を与えていることです。現状では、病院収益（医療収益）に対する人件費の比率が70％を超える公立病院が多くなっていてかなり厳しい経営環境になっています。とはいえ、医療サービスは住民生活にとって重要な課題ですので簡単に撤退ができないのも実態です。

　まずは病院事業の経営改革プランの策定に取りかかることです。これまでの病院事業経営の内容を分析するとともに医療圏域での医療資源がどのような状況になっているか、連携することが可能な医療資源が存在するのか、県立病院などとの連携協力はとれないか、医師派遣をしてい

る大学病院の考え方はどうなのか、あわせて、自治体の財政負担の状況と財政環境などを詳細に分析し、課題と方向性を明らかにすることが大切です。公立病院の経営体質の悪化が始まると簡単にはその流れは止められないのを実感しています。改革を実行に移し、新しい医療環境にするには大きな決断と様々な関係機関との協力体制の構築が必要です。そのためには、経営改革審議会を開催して医療関係者、地元医師会、学識経験者等専門家を入れて議論をすることから始めることです。特に、地域医療の中心的役割をになう医師会とともに考えていくことは重要です。

　一方で、財政が厳しいことを理由に行政側が病院の撤退・統合などの結論を出そうと焦ると政争の具になってしまい改革そのものが頓挫するリスクがあります。それだけ病院改革は行政、地域にとって重要な課題となっています。

参考

地方公営企業法施行例

（一般会計等において負担する経費）

第八条の五　法第十七条の二第一項第一号に規定する経費で政令で定めるものは、次の各号に掲げる事業の区分に応じ、当該各号に定める経費（当該経費に係る特定の収入がある場合には、当該特定の収入の額をこえる部分）とする。

（省略）

　三　病院事業　看護師の確保を図るために行う養成事業に要する経費、救急の医療を確保するために要する経費及び集団検診、医療相談等保健衛生に関する行政として行われる事務に要する経費

　2　法第十七条の二第一項第二号に規定する経費で政令で定めるものは、次の各号に掲げる事業の区分に応じ、当該各号に定める経費（当該経費に充てることができる当該事業の経営に伴う収入の額をこえる部分に限る。）とする。

　二　病院事業　山間地、離島その他のへんぴな地域等における医

療の確保をはかるため設置された病院又は診療所でその立地条件により採算をとることが困難であると認められるものに要する経費及び病院の所在する地域における医療水準の向上をはかるため必要な高度又は特殊な医療で採算をとることが困難であると認められるものに要する経費

第6章　自己啓発・知識習得

Q1 ▶ 財政の知識

> はじめて財政担当課に異動となりました。財政の知識を身に付けるには何をすれば良いでしょうか。解説書などを読めば良いのでしょうか。

　はじめて財政担当課に異動した際にはあまり焦らずに財政制度の仕組みとルールを覚えることから始めることが大切だと思います。4月異動であれば財政担当課そのものが一年で一番落ち着いている時期ですので、先輩、上司に話を聞きながら進めていただきたいと思います。一方で、この時期に基本を学ぶことにもぜひチャレンジしてもらいたいと思います。特に、地方交付税制度、地方財政計画との関係は最初に知識を身に着けておきたいところです。解説書はたくさんありますのでチョイスして読んでいただきたいのですが、二つの視点から読んでほしいと思います。一つは地方財政に詳しい学者が解説しているもの、もう一つは実務者が解説しているものです。制度設計者の視点と運用する側の視点、双方が理解できると意味がよくわかります。参考とする図書を記載しますので、すべて読もうと思わずに気になるところを拾い読みしてください。地方交付税制度がある程度理解できれば、いろんな方向に勉強の幅を広げても理解しやすくなります。

参考

　小西砂千夫『（新版）基本から学ぶ地方財政』（学陽書房、2020年
　　4月）…地方財政の基本です。

　小西砂千夫『地方財政学』（有斐閣、2022年3月）…地方財政制
　　度が学べます。

小西砂千夫『自治体財政の知恵袋』（ぎょうせい、2018年9月）
　…実務で困ったときに役に立ちます。

松木茂弘『自治体財務の12か月』（学陽書房、2018年6月）…財
　政担当課業務のポイントがつかめます。

定野司『自治体予算の仕組み（改訂版)』（学陽書房、2022年3
　月）…私の尊敬する先輩で、実務者として予算の仕組みがわか
　りやすく解説されています。

定野司『自治体の財政担当者になったら読む本』（学陽書房、
　2015年10月）…まさに読むべき本です。

Q2 ▶ 金融の知識

公金を扱う担当になりました。金融に関する知識はほぼゼロなので、なにから始めれば良いかもわかりません。具体的に何から始めればよいでしょうか。

公金を扱うことになった職員、財政担当課に配属された職員には金融知識を身に着けることが必要となります。資金調達のみならず、財務戦略を持って金融機関との調整を進めていくには金融知識の習得と情報収集は必要不可欠なものです。参考で財政担当職員が必要となる知識を整理しています。ここでは、利率の仕組み、金融関連情報についてあげていますが、これは必要となる金融知識の一部です。少なくともこのレベルの知識をベースにして、金融市場での関連情報を日々ウオッチしていくことが必要になってきます。

一方で、国を取り巻く経済・財政情勢を読み解く知識も必要になります。例えば、国が発表する経済見通しや日本銀行の政策方針などは押さえておきたい項目です。新聞やSNSからも情報は入手することはできます。情報に触れていく中では意味不明のワードも出てくると思いますが、一つ一つ調べて身に着けていただければと思います。経済情勢、金融市場の動きをウオッチできる力がついてくれば、予算編成や財政計画の策定などに活用ができます。

参考

金融知識と情報収集

★利率

金利は、金融機関の資金調達金利＋αで提供される。

金融機関の資金調達は何で行っているのかを見極める必要あり。

★金融関連情報のウオッチ

◦ 10年国債、5年国債、2年国債

日本経済新聞　マーケット総合　金利　「10年債利回り」を参照

その他、長期金利関連記事を参照

☆基本的に景気が悪ければ金利が下がる

株式（日経平均株価）が続伸すると、金利が上昇し債券価格が下落する

株式（日経平均株価）が続落すると、金利が低下し債券価格が上昇する

円高→景気悪化・物価下落→金利低下（債券価格が上昇）

円安→景気回復・物価上昇→金利上昇（債券価格が下落）

☆他の影響要素……

国債の大量発行が予想されると、金融機関の買い控えから金利が上昇する

◦ スワップレート10年

☆対TIBOR10年のレートを毎日ウオッチし、長期金利の状況を確認

◦ TIBOR（6M）

☆短期金利の状況を毎日ウオッチし、一時借入レート（短期金利）の状況を確認

第2編

財政運営

第1章　財政運営・財務執行

Q1 ▶ 財政計画の立て方

　自治体の財政計画は何のためにどのタイミングで立てるのでしょうか。

　毎年度の予算を編成する時期に、次年度以降の財政収支計画を策定することが必要になってきます。それは、予算は単年度主義の原則で毎年度独立して作成しますが、財源となる税収や地方交付税などの一般財源の翌年度以降の推移、行政サービスにかかる費用や人件費、公債費などの後年度への影響などを推計し、予算編成における政策形成の目安にすることが必要になるためです。この財政計画が次年度の予算編成の指針となるとともに、行財政改革や総合計画達成のための実施計画と密接に関連してきます。その意味からすると計画策定の時期は毎年秋頃がいいと思います。

　財政計画は3年、5年、10年といった期間を定めて策定することになります。期間は計画をどのように活用していくかによって違ってきます。期間が長くなるほど計画の精度が落ちてくるので使う目的によって計画期間を設定します。例えば計画を総合計画の財政的な裏づけとして活用する場合には、総合計画の期間にあわせた10年の期間で策定することが必要ですし、実施計画や予算編成に活用する場合には、3年もしくは5年の期間で定める方が税収見込みなどの精度があがるのでより確実な収支計画を策定することができるものとなります。

Q2▶ 財政計画と総合計画の連動

　自治体には様々な計画がありますが、最上位にあると思われる総合計画に対して、財政計画を連動させることは可能なのでしょうか。連動させるために、そもそも総合計画の策定時に意識しておくことなどはあるのでしょうか。

　総合計画の策定の仕方によって、財政計画との連動の度合いは違ってきます。総合計画の策定が団体の将来像やミッションだけを示すものであれば、それほど厳密な財政計画との連動は必要ないと思いますが、各団体とも総合計画に基づいて基本計画の前期、後期を策定し、ある程度具体的な施策との連動を示していくものと考えます。その場合は、やはりその計画の実施が可能かどうかを裏付けるだけの財政計画をセットで策定しておくことで総合計画・基本計画の実行性を裏付けることになってきます。次の図表1-1はその連動イメージです。

図表 1-1　総合計画と財政計画・予算との連動

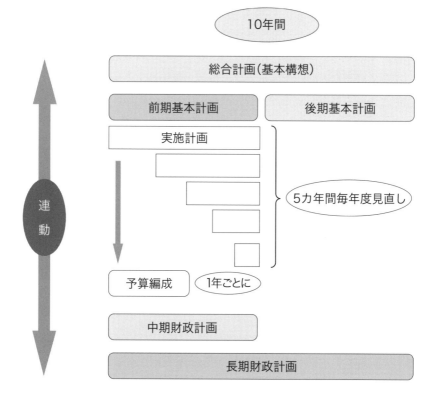

Q3▶ 計画策定をコンサルタントに委託するときの留意点

　計画の策定をコンサルタントに委託することが多くなっています。過去には、立派な印刷物が仕上がってくるものの、実際には現場では使いにくい、といったことがままありました。こうしたことにならないようにするためには、何に注意して委託すれば良いでしょうか。

　計画策定を民間委託する際に留意すべき点は、丸投げの委託にならないようにすることです。計画策定する場合には、複数年度にまたがって次のようなことに取りかかっていきます。①アンケートなどによる住民ニーズの把握、②これまでの計画の分析と検証、③新しい方向性の整理、④具体的な施策目標の策定、⑤具体的な追加施策の検討、⑥審議会への諮問・議論・答申、⑦住民からの意見徴収（パブリックコメントなど）、⑧議会への説明、⑨計画書の作成と周知、など多岐にわたって膨大な作業をこなしていくことになります。これらをすべて直営で行うことは効率的でなく、一部をコンサルタントに委託して作業を進めてくことは必要です。特に、専門性の高い分野ではその専門性の部分を委託して効率的な作成に向けての準備を進めていくことが大切です。③④⑤のところは計画の中心的な部分になるのでできるだけ職員が検討し首長まで議論を重ねておく必要があるものと考えます。一方で、①②の部分の分析作業、⑨の計画書の作成は委託でも十分できますし、その方が効率的に行えます。また、⑥⑦の審議会、住民説明なども場合によっては委託業者にサポートしてもらうのも得策です。要するに③④⑤のところをコンサルタント任せにしないことが大切です。

Q4 ▶ 人・物・金の連動

人・物・金の連動の必要性がよく言われていますが具体的にはどのようにすればいいのでしょうか

　政策を考える場合、多くの自治体では、政策は企画担当、予算は財政担当、定数・人事は人事担当、公共資産は総務担当と分断した組織の中で情報が一元化できずにそれぞれが調整する方法で政策の検討が行われているのが実態です。調整機能がうまくいっている場合には問題はないものの、最終決定する首長に的確に情報が入り、それを検証し、住民、議会にどう公表してくかが課題になります。役所の仕組みの中でこの仕掛けがあれば一番いいのですが、その仕掛けつくりには時間と職員の意識改革が必要になってきます。政策・事業を立案し、実行、検証、いわゆる政策・事業のPDCAサイクルを回していくには、コスト・ベネフィットの情報をベースにした仕組みづくりが必要です。具体的にどうすればいいかですが、まずは情報の共有する仕組みの構築が必要です。それを用いて政策・事業を評価し、それを公表する仕組み作りから入ることを薦めます。

　事例として兵庫県川西市の取組みを紹介します。1997年からフルコストの把握からスタートして2002年から政策形成のあり方改革に着手し、長い年月をかけて人・物・金の連動を行い、PDCAサイクルを回す仕掛けを作り上げています。そこには評価やフルコストをとらえるルール作りなど難しさが常にあり、改良を重ねながら進めてきています。時間をかけたのは職員の意識改革、事務の定着を大切にしたためです。仕掛けの中心に置いたのは決算成果報告書です。

★川西市のこれまでの取り組み

1997 (H9) 事業別予算システムの導入
- ・フルコスト把握（人件費、公債費のコスト算入）、総合計画と事業の連動

1999 (H11) 事業別予算書・決算書の作成
- ・予算書、決算書を変える
  - → 財務規律を求めるものから行財政運営に活用するものへ
  - → 決算・成果を重視する

2000 (H12) 決算成果報告書の作成
- ・決算と評価を見せる → 総合計画の達成度、事業コスト、行政評価（事業評価）

2006 (H18) 決算成果報告書のリニューアルⅠ
- ・財政分析篇の充実 → 新しい財務書類の追加、事業成果表の工夫

2008 (H20) 決算成果報告書のリニューアルⅡ
- ・行政サービス成果篇の充実 → 自己評価、今後の方向性・見通しを追加

2013 (H25) 決算成果報告書のリニューアルⅢ
- ・参画と協働の主な手法を追加

2014 (H26) 決算成果報告書のリニューアルⅣ

2015 (H27) 決算成果報告書のリニューアルⅤ
- ・施策別評価指標、事業別成果表自己評価欄の改良

2016 (H28) 決算成果報告書のリニューアルⅥ
- ・財政分析の改良、事業別成果表自己評価欄の改良

2018 (H30) 決算成果報告書のリニューアルⅦ
- ・コスト表示を公債費から減価償却費へ、事業別成果の表示、自己評価欄の改良

漸進的に

政策形成のあり方を改革する・・・2002 (H14) 〜

自律した分権型の自治体経営をめざすには、従来の予算編成を中心とした単年度視点での政策形成から総合計画に基づいた PDCA サイクルを機能させる長期的な視点での政策形成へと転換を図る

PDCA サイクルを機能させる仕掛けが必要

- ・総合計画（基本計画・実施計画）を中心に据えた政策形成
- ・予算編成方法の改革
  - ☆枠配分方式の導入　☆職員定数枠配分方式の導入
  - ★人・物・金の連動した政策形成
- ・トップマネジメントの強化・・・政策会議の設置
- ・財務執行の効率化
- ・決算成果報告書と政策形成⇒フルコスト VS 施策・事業評価

Q5 ▶ 予備費充用・予算流用のルール

　予算が不足してしまった場合、他の事業の予算から融通してもらうことは可能なのでしょうか。もし可能であれば、そのルールについてもお教え下さい。また、こうした予算が不足してしまうことに備えてお金を準備しておくことは可能なのでしょうか。

　予算は、民意の統制を受けるため、議会の提案した予算の内容で執行することが基本です。つまり、歳出予算の款・項をまたぐ流用はできないことになっています。一方で、予算で地方自治法第220条第2項のただし書の規定によって歳出予算の各項の金額を流用することができる規定の議決をとる場合があります。多くの団体で職員人件費の同一款内で流用ができる規定を議決しています。

　その前提に基づくものの、事業の内容、執行計画、状況の変化により事業間で経費に過不足がでることは常にあります。議会説明をしていなかった項目や新規サービスにつながるものを流用して支出することはできませんが、議決予算の内容を損なわない範囲で、柔軟に予算を執行できるようにするため予算が不足してしまった場合に対処することができます。それが、予備費の充用、予算流用です。予備費の充用は議決予算をとっていますので、議会軽視にならない内容の範囲で不足する事業経費には、どこの費目でも充当することはできます。一方、予算流用は、予算費目のうち同一項内において流用することが可能で、自治体の財務規則で流用のルールを規定して行うことになります。どちらにしても、当初予算議決予算内での流用になりますので、改めてそのためのお金を準備しておく必要はありません。ただし、議決予算を超えて大きく不足する場合には、補正予算の編成が必要になってきます。その場合は、補正予算編成のための財源を準備しておく必要はあります。

地方自治法

第二百二十条（抄）

2　歳出予算の経費の金額は、各款の間又は各項の間において相互にこれを流用することができない。ただし、歳出予算の各項の経費の金額は、予算の執行上必要がある場合に限り、予算の定めるところにより、これを流用することができる。

Q6 ▶ 資金の運用

自治体の財産について、地方財政法で「最も効率的に、これを運用しなければならない」と定められています。では、いったいどこまで運用益を狙った投資等ができるのでしょうか。

　財産の運用の難しさは、運用リスクをどう回避するかです。運用益を狙えば狙うほどその逆に損失リスクは拡大します。とは言え、地方財政法に規定するように最も効率的に運用しなければならないものです。そこで多くの団体では「資金管理方針、資金管理基準」を作成して、資金管理体制、資金管理の基本方針、資金別管理方針、資金管理の責任者、資金管理の情報開示などを定めて自律的な方法を構築しています。特に、資金別管理方針のところで運用する預金の種類、期間、基金の運用方針等を定めておくことで、それに基づいた範囲の中で最大の効果を求めて投資をすることになります。なお、資金の管理面から言えば、やはり安全面を優先に運用が図られるのが一般的です。また、金融市場は変化しますので、資金別管理方針は常に見直しをかけていくことが必要になります。

参考

> **地方財政法**
> **第八条**　地方公共団体の財産は、常に良好の状態においてこれを管理し、その所有の目的に応じて最も効率的に、これを運用しなければならない。

Q7 ▶ 予算の繰越

　今年度、予算とした計上して金額が、（事業数が想定していたものより少なく）余ってしまいました。これを翌年度にとっておいて使うことはできるのでしょうか。

　歳出予算に計上していた金額が残ることは常にあります。その場合は、歳出の余剰金になり、その他の不用額と合わせて決算における実質収支額として取り扱い、翌年度への繰越金になります。翌年度の繰越金は一般財源での繰越金になりますので、翌年度以降自由に財源として使うことができます。なお、事業の予算が余ったのでその事業のお金として翌年度以降にとっておいて使うことは予算の性質上できません。その場合、不用になる金額分の予算を減額して、その金額を基金に積み立てておき、改めて翌年度の歳出予算に計上した場合に、その財源として歳入で基金から繰り入れて対応することは可能です。

　一方で、事業数が想定したいたものより少なくなった場合は、事業をやらない、もしくは中止になるものですから、できれば歳出予算の減額補正をして議会に説明しておく方がいいと思います。

Q8 ▶ 財政状況の公表

　自治体は財政事情を公表しなければならないと自治法や条例で決められていると聞きました。財政事情を公表する際、気をつけなければならない点があれば、お教え下さい。

　公表する際に一番留意しなければならない点は、わかりやすさです。各団体は、地方自治法の規定に基づく財政事情の作成及び公表に関する条例を持っていますので、その中で公表する事項、期間、方法を定めています。それに基づくことを基本としますが、住民に知ってもらってこそ公表は意味があるものとなります。どの手法が一番住民に届くか、そして平易な言葉でわかりやすく説明することができるかがポイントになります。最近はSNSを用いた公表が中心になってきました。これまでの紙ベースでの情報提供ではなかなか住民に情報が届かなくなっています。どのSNSがいいのかも含めて研究することが必要です。また、自治体の職員が作成するとどうしても専門用語を並べてしまいます。財政に関する専門用語は読みづらくて難解ですので、平易な言葉に置き換えてまずはポイントがわかるように工夫していく必要があるでしょう。

参考

地方自治法

（財政状況の公表等）

第二百四十三条の三　普通地方公共団体の長は、条例の定めるところにより、毎年二回以上歳入歳出予算の執行状況並びに財産、地方債及び一時借入金の現在高その他財政に関する事項を住民に公表しなければならない。

2　普通地方公共団体の長は、第二百二十一条第三項の法人について、毎事業年度、政令で定めるその経営状況を説明する書類を作

成し、これを次の議会に提出しなければならない。

3　普通地方公共団体の長は、第二百二十一条第三項の信託について、信託契約に定める計算期ごとに、当該信託に係る事務の処理状況を説明する政令で定める書類を作成し、これを次の議会に提出しなければならない。

Q9 ▶ 悪い情報の公開

自治体の財政状況について、財政が悪化している、このままいくと住民サービスが削られるかもしれない、などといった悪い情報も住民にそのまま伝えた方が良いのでしょうか。少しはオブラートに包んだ伝え方をした方が、住民もショックを受けないと思うのですがいかがでしょうか。

　財政状況が悪化している、そのレベルにもよりますが、まず、最初に議会に報告して住民に知らせることを優先しましょう。その際には、できるだけ事実をありのまま伝えることです。一つでも隠すと後で取り返しのつかない事態に追い込まれます。一方で、自治体の財政はすぐには悪化しないように制度設計されています。例えば、法人税の急激な落ち込みの場合は減収補てん債の発行が可能になり、法人撤退に伴う関係住民の転出などは、地方交付税制度が一定のカバーをします。また、大規模災害に見舞われた際には、災害救助法による国支援や特別交付税による支援などで支えられます。そのように考えると、財政状況の悪化は、時間をかけてじわじわ悪化している場合が多いものと考えられます。その場合、悪化の局面になり始めているのにも関わらず住民にそのことをお知らせしていない（隠している）ことになり、これは大きな問題となります。突然公表したら間違えなく首長の責任が問われます。住民にショックを与えないようにと思うのは方便で、実は首長が説明責任を果たせないので公表したくないと思っているのではないかと疑います。

　したがって、毎年度の予算編成、財政計画の公表を通して、財政状況がどうなっているのかを明確にして公表し続けることです。公表し続けることで住民と一緒に危機感を共有することができます。この点が一番大切です。

Q10▶ 財務執行管理

適切な予算の執行、財政運営を行っていく上で大切なポイントをお教え下さい。

　まずは、自らの団体の財務規則に基づいて、予算の適正な執行、効率的な執行ができるようにすることです。この部分は財務執行の基本となります。ただ、気を付けないといけないのは、事業の遅れです。予算がついているのになかなかスタートが切れずにいる事業がないかをチエックしておく必要はあります。また、予算編成段階で、関連団体との調整は首尾よくいくものと想定していたものが、思わず関係者等から反対にあってしまい頓挫しているものがあるかないか、さらには国庫支出金がつくであろうと推測して建設投資事業を計画していたものが国の事情により当初計画よりかなり少ない内示となってしまったというような事業をチエックして体制を立て直ししていくことも大切なポイントです。

　一方で、議決された予算は、あくまでも計画です。執行の際に工夫をすることで効果的効率的な執行を行い、行政サービスの充実を図ることは可能です。つまりいかに機動的、弾力的な予算執行ができるかが大切なポイントになってきます。予算流用や執行科目の変更など財政担当者の方で裁量を効かせてあげることでうまく回る要素は多くあります。的確な予算執行とは、予算書通りに執行することではなく、住民サービスを最もいい状態に持っていくための工夫です。そのための財務執行管理だという心がけが大切です。

Q11 ▶ 支出負担行為

財務執行での支出負担行為とは何ですか。

　「支出負担行為」という言葉は、役所の中でよく使いますが一般の民間企業では使わないので戸惑いはあります。地方自治法で明確に規定されているように支出の原因となるべき契約等の行為をさします。

　支出負担行為は、支出の基礎となる要因を明確にして予算の執行を統制する手法として設けられた制度です。また、支出負担行為は法令又は予算の定めるところに従ってしなければならないことが規定されています。したがって、自治体の予算執行の第一段階として、歳出予算、継続費、繰越明許費、債務負担行為の金額の範囲であるかどうかの確認をすることになります。支出負担行為の確認後に、首長が会計管理者に支出命令をだします。一方で、会計管理者は首長から支出命令を受けても、支出負担行為が法令又は予算に違反していないこと及び当該支出負担行為に係る債務が確定していることを確認したうえでなければ支出をすることができないものと規定されています。

参考

地方自治法
（支出負担行為）
第二百三十二条の三　普通地方公共団体の支出の原因となるべき契約その他の行為（これを支出負担行為という。）は、法令又は予算の定めるところに従い、これをしなければならない。
（支出の方法）
第二百三十二条の四　会計管理者は、普通地方公共団体の長の政令で定めるところによる命令がなければ、支出をすることができない。

2　会計管理者は、前項の命令を受けた場合においても、当該支出負担行為が法令又は予算に違反していないこと及び当該支出負担行為に係る債務が確定していることを確認したうえでなければ、支出をすることができない。

Q12 ▶ 災害など非常時の財政運営

集中豪雨による被害が頻繁に生じ、大震災やコロナ等の感染症の流行など、非常時に自治体は何ができるのか、その際の財政運営について、何に気をつけて行えば良いのかお教え下さい。

　大規模災害時や感染症の流行などの想定しないことが発生した際に、財政運営上一番大切にしなければならないのは、裏方としてスピーディーな予算の確保と財務執行の段取りです。

　筆者が阪神・淡路大震災の時に経験したことを基本に説明します。発災時には住民の安全確保と救出を一番の目標として職員総出で取り組みます。その際には財政担当は裏方として支えてあげるという気持ちが大切です。財政資源をフルに活用して必要なお金を的確に遅れることなく支出する方法を準備しておくことです。まずは、現場の財務担当者との連絡を密にして、概算費用を把握することです。金額が不確定な場合でも概算レベルで構わないのであまり細かく求めすぎずに行うべきです。あと、いつ支払いが必要かを把握します。

　一方で予算が圧倒的に不足します。緊急を要するものは予備費ですぐに対応、次に、補正予算の準備、概算費用でわかるものは災害救助費の費目を起こしてまとめて対応、そのうえで、金額が不明なものに対応するためには予備費の追加計上も検討します。そしてそれらの財源は一旦、特別交付税で歳入計上します。大規模災害に見舞われた際には、災害救助法による国庫支出金や特別交付税による支援などでほとんどの経費は対応できますが、支援策の決定は遅れますので後で振替えることを前提に一旦は特別交付税で歳入予算を計上します。この補正予算は議会の議決が必要です。議会が開催していない期間であれば専決処分、開催中であれば補正予算の即決議決の調整を行います。また、年度当初の発災であれば、当該年度の新規事業はしばらくの間、凍結する方針を首長がだ

すぐらいのことが必要です。その後押しも財政担当者の役割です。

参考

●歳入歳出補正予算案⇒専決処分か即決議決

〈歳入〉

地方交付税・特別交付税（後で国費計上への振り替えも検討します）

〈歳出〉

民生費・災害救助費（まとめて予算計上の方が、柔軟に対応できます）

予備費（あまり大きくならないことを基本とします）

Q13 ▶ 「単コロ」「オーバーナイト」

「単コロ」「オーバーナイト」といった業界用語のようなコトバを
耳にしますが、これは何を指しているのでしょうか。

 . . . .

　「単コロ」は、一般会計の出納整理期間（４月〜５月）を利用して第
三セクター等への年度をまたいだ短期貸付を継続的に繰り返しているも
のです。第三セクターが一般会計から翌年度の短期貸付金を新年度の４
月に受けて前年度の返済分として一般会計の出納整理期間に返済する。
この場合、一般会計は短期貸付金の歳入＝歳出になり、第三セクター等
も年度内の収入＝支出になり、第三セクター等の財務上は負債が見えな
いものとなります。

　「オーバーナイト」も同様に３月31日に第三セクター等が金融機関か
ら融資を受けて一般会計に返済しますが４月１日に一般会計からの新年
度貸付金を受けた第三セクター等が金融機関に返済する一泊二日の貸付
金のことです。こちらの方は第三セクター等の財務書類に金融機関から
の流動負債として計上されます。

図表 1 - 2　「単コロ」の仕組み

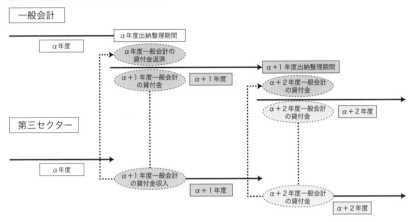

図表 1 - 3　「オーバーナイト」の仕組み

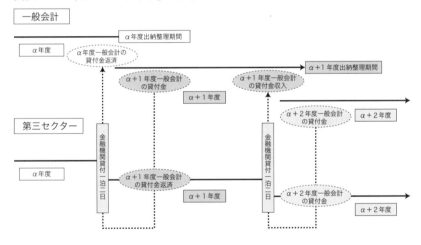

Q14 ▶「イチカリ」

「イチカリ」というコトバもよく耳にします。あまりよくないコトバのような印象もありますが、これは何のことでしょうか。

 ‥‥‥‥‥

　「一時借入金」のことです。自治体が会計年度内で歳計現金が不足した場合に支払い資金の不足を補うために借り入れる金額をいい、地方自治法に基づき予算で借り入れ限度額を定めるものとなっています。いわゆる資金ショートに対する方策です。一時的な資金ショートですので、その会計年後の歳入をもって償還しなければなりません。なお、出納整理期間が終了する5月31日までに当該年度の歳入でもって償還することは許されています。

参考

> **地方自治法**
> （予算の内容）
> **第二百十五条**　予算は、次の各号に掲げる事項に関する定めから成るものとする。
> 　一　歳入歳出予算
> 　二　継続費
> 　三　繰越明許費
> 　四　債務負担行為
> 　五　地方債
> 　六　一時借入金
> 　七　歳出予算の各項の経費の金額の流用
> （一時借入金）
> **第二百三十五条の三**　普通地方公共団体の長は、歳出予算内の支出をするため、一時借入金を借り入れることができる。

2　前項の規定による一時借入金の借入れの最高額は、予算でこれを定めなければならない。

3　第一項の規定による一時借入金は、その会計年度の歳入をもつて償還しなければならない。

Q15 ▶ 基金の額

基金がほとんどない状態は、余裕がないので良くないと思っています。逆に基金がたくさんあるのに、カツカツの予算編成を行っているのも、少し変な気もします。基金は財政規模などに対してどれくらいあるのが良いのでしょうか。

基金確保の明確な適正水準はありません。団体によって財政力の違いなどあるので難しいところですが、あくまでも著者の経験から言えば、大災害など不測の事態が発生したときや法人税など税収が急激に落ち込んだ場合などの対応に一定備えておくことが必要であると感じています。一方で、大規模災害に見舞われた際には、災害救助法による国支援や特別交付税による支援などで支えられますし、法人税の急激な落ち込みの場合は減収補てん債の発行が可能になり、法人撤退に伴う関係住民の転出などは、地方交付税制度が一定のカバーをします。このように緊急事態の場合は、当面の一般財源需要に対応する基金があれば、それで一時的な資金需要は対応できます。ただし、小規模災害などの場合は、国の支援策における支援割合も低くなることを考えると一定の基金を持っていることがやはり望ましいと思います。また、企業城下町として栄えてきた自治体は、法人税収の浮き沈みをある程度覚悟する必要があると思いますので、通常の自治体に比べて多めのバッファーを持っておく必要があるように感じています。

兵庫県川西市では、令和2年3月に「川西市財政健全化条例」を策定し、その中で健全な財政運営の確保の章で基金確保比率として標準財政規模の5％以上の財政基金＋減債基金を持つことを目標に掲げています。住宅都市としての目標値ですが、過去に経験した阪神・淡路大震災時の災害対応で必要となった一般財源が15億円だったことを踏まえ、標準財政規模（300億円程度）の5％以上を確保することにしています。

川西市財政健全化条例

（財政判断指標）

第11条　市長は、財政状況の健全性を検証するため、法令に定める
 もののほか、次の各号に掲げる比率を財政判断指標とし、当該各
号に掲げる比率について、財政状況の健全性の確保のための基準
値（以下「健全基準値」という。）及び目標値を定めなければな
らない。

(1)　基金確保比率（財政基金及び減債基金の合計額における標
準財政規模（地方財政法施行令（昭和23年政令第267号）第13
条第4号に定めるところにより算定した額）に占める割合をい
う。以下同じ。）

(2)　実質公債費比率（地方財政法（昭和23年法律第109号）第5
条の3第4項第1号に規定する実質公債費比率をいう。以下同
じ。）

（健全基準値及び目標値）

第12条　健全基準値として定める値は、基金確保比率については5
パーセント以上とし、実質公債費比率については15パーセント以
下とする。

2　健全基準値は、総合計画における基本計画の策定に合わせて見
直しを行うものとする。

3　市長は、前条の目標値を財政運営計画において定めるものとし、
財政状況の継続的な維持及び向上のため、目標を明確にした財政
運営を行うものとする。

Q16▶ グループファイナンス

民間企業でグループファイナンスとして資金調達をする、などといったことを聞いたことがあるのですが、自治体でそのようなことができるのでしょうか。

自治体でもグループファイナンスの機能を持つことは可能です。図表1-4のように金融機関とのつながりは多方面で行われています。セクションごとに最善を図ろうとする取り組みは行われていますが、相手の金融機関から見れば自治体は一つのグループです。

一般会計の資金調達での金利調整、会計管理者が担当する資金運用、指定金融機関へのコスト支払い、企業会計の資金調達と支払いコスト、外郭団体や公社、第三セクターも同様に金融機関とのかかわりを持っています。

金融機関への支払いコストの総和を最小化することを考えれば、自治体側が一つのグループを形成して情報を共有しながら金融機関に対峙しなければならないものと考えています。まずはグループになる関係者が集まって情報の共有からスタートして、自治体の財政担当者が中心になって金融機関と調整を図ることができれば財政効果を引き出せるものと思います。

図表1-4　グループファイナンスのイメージ

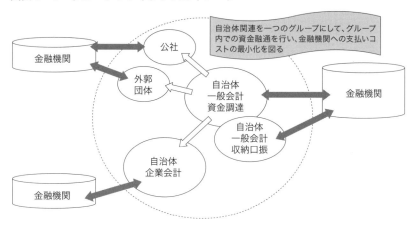

第2章　行革

Q1 ▶ 行革の視点

行革の必要性はずいぶん古くから指摘され、どの自治体でも取り組んできたと思います。古くて新しいテーマともいえますが、今、改めて行革に必要な視点についてお教え下さい。

行革の歴史は長く、国の場合、1981年（昭和56年）の第二次臨時行政調査会からスタートし、地方自治体も1985年（昭和60年）に地方公共団体における行財政改革推進の方針（地方行革大綱）がだされ、高度経済成長、バブル景気が終焉した時期を背景に、国・地方双方で継続して行革の取り組みが進められています。改革当時は、膨れ上がった行政体質を絞る、スリム化を目指した減量型行革の取り組みが中心となって進められてきました。これからは、人口減少、少子高齢化、労働力人口の減少など、資源が縮小することは避けられない中での資源の最適配分を目指した行政改革が必要ではないかと考えます。これからの行革の視点は次の四つあると考えています。一つ目はDXの推進による行政事務の効率化、二つ目はエビデンス（評価・目標達成度）に基づく施策・事業の見直し、三つ目は民間活力の導入、最後に四つ目は適正な受益者負担のあり方です。自治体が抱える課題に違いがあるものの、概ねこの四点はどこの団体も共通項であり、早急に対応していく必要があるものと考えます。

Q2 ▶ 事業見直し

　自治体は事業を行うにあたって、最少の経費で最大の効果をあげることが求められています。そのため事業の効果を最大限、高めるためにも事業の見直しは必要だと思いますが、具体的にはどのように進めて行けば良いのでしょうか。

　まずは、事業の目標をしっかりと持つことです。何を目標にいつまでにどのようなものにしたいのかを明確に持っていないと検証と課題把握ができないと考えています。自治体全体のPDCAサイクルを回すためには、一つひとつの事業のPDCAサイクルを回すことが必要でその積み上げが施策の方向性につながり、そして全体のまちづくりの評価へとつながっていきます。事業の見直しはコストを落とすためにするのではなく、同じコストでも成果を上げることを目標に検証をして課題の解決を図っていくことです。そのためには、何を目指すのかが大切になってきます。例えば総合計画におけるまちづくりの目指す方向性を共通項として、目標値の設定を行っていくことが必要です。

　目標値が定められると、それを評価していく仕組み、継続して指標の変化を追っていくツールとしての、住民実感調査などが必要です。そのうえでまずは自己評価する仕組み、そして自己評価に加えて外部評価する仕組みが付加されるとベストです。ただ一方で、評価は万能ではありません。絶えず評価指標のあり方も見直す意識も必要で、評価して議論できる仕組みが自治体の中で出来上がってくると一歩前進できるものと思います。

Q3 ▶ 受益者負担の見直し

例えば、ある施設を利用する人と利用しない人の間で不公平感が生じるために、受益者負担を見直したり、このままでは行政サービスの提供が難しいために事業そのものを見直す場合などがあると思いますが、どのように考えて、進めて行くのが良いかお教え下さい。

まずは、行政サービスのコストを的確に把握することから始めることが大切です。そして利用者の属性分析、利用頻度などのエビデンスを整理して、受益者負担は適正な水準にあるのか、公費負担をどこまで入れるのが妥当なのかの検証が必要です。兵庫県川西市では令和2年度に「川西市使用料、手数料及び負担金等の算定、見直しに関する基準」を策定して見直しに取り組んでいます。

> ## 参考
>
> 川西市使用料、手数料及び負担金等の算定、見直しに関する基準
> ●基本的な考え方
> 2．基本的な考え方
> （1）当該基準の位置付け
> 　　川西市財政健全化条例第 8 条に基づき、当該条例の基本理念に則り、規律ある財政運営に資するため、使用料、手数料及び負担金等の算定、見直しに関する基準を定める。
> （2）受益と負担の公平性
> 　　使用料、手数料及び負担金等の算定にあたっては、利用する市民と利用しない市民の均衡を考慮し、受益と負担の公平性を確保する必要がある。
> （3）透明性の確保
> 　　当該基準を公表し、算定根拠を明らかにすることで、透明性を確

保する必要がある。

(4) 適切なコスト管理

　サービスを提供する行政においては、常に効率的で適切なコスト管理や施設運営を図り、市民の理解が得られる料金設定への努力を行わなければならない。

(5) 総合計画等との調整

　本市の施設運営や事務事業に伴う使用料、手数料及び負担金等の料金設定においては、将来における本市のあるべき姿と進むべき方向を定める総合計画等における施策の方向性を反映する必要がある。

(6) 定期的な見直し

　使用料、手数料及び負担金等については、社会経済情勢の変化や技術革新、民間による施設、サービス提供状況、本市の総合計画等を反映するため、定期的な見直しを行う必要がある。

Q4 ▶ 団体への補助金見直し

「公益上必要」と認められる事業や活動に支出していますが、補助金が長期化、固定化する弊害も出ています。そのため、補助金の見直しを行いたいのですが、どのように進めれば良いですか。

　まずは、補助金交付に対する基本的な考え方を整理するところから始めるべきです。この考え方を一定程度、整理することができれば作業に入り、団体の意見徴収ができます。大切なポイントは、公益性・公平性・透明性の確保です。

　参考に、令和4年6月に兵庫県川西市が補助金交付の基本的な考え方を整理しています。この考え方を参考にしてもらえれば、と思います。

参考

●川西市補助金等の見直しに関する方針

補助金、団体事務局事務、減免（市税、施設使用料）、土地・建物の無償貸付等

(1) 補助金交付の基本的な考え方

　　補助金とは地方自治法第232条の2に基づき、公益上必要がある場合において補助をすることができると規定されている。したがって、公益上の必要性を確保するため、補助の目的や補助の効果を明確にすることが重要である。

　　近年では、制度改正によりNPO団体等の公益的活動を行う団体が設立され、公益的活動が広がってきている。このような活動のうち、市の施策に合致した効果が見込まれるようなものは、公益性が高い取組みとして補助の対象とするものである。また、補助の対象となる公益的活動を行う団体には、財政基盤等が整っていることから、活動のための人員や資金等を団体自身によって

調達しているものもあり、そのような団体が市の補助金を受けずに実施する公益性が高い取組みについては、高く評価されるべきである。一方で、公益性が高い取組みを行うにあたって、一定の支援が必要となる場合には、市はその取組みに対して、補助金を交付して支援する役割を担うものである。これらの考え方を基本とした上で、補助金を交付するにあたっては、公益性・公平性・透明性確保の観点から、一定のルールにしたがって適切に行っていく必要がある。

(2) 交付の基準と補助金の性質別による分類区分

　①交付の基準

　　これまでの補助金改革における交付基準に基づき、「公益性」・「公平性」・「透明性」の三つの観点から整理し、定めることとする。

〈公益性に関する基準〉

・補助は公益上必要がある場合において行うことができるものであり、公益性のある事業とは、法令等において位置づけられている社会福祉事業や公益目的事業などを参考に判断する必要がある。

・事業の成果は、特定個人に限定されずに広く市民に波及する必要がある。

・市の施策に合致した効果が見込まれる必要がある。

〈公平性に関する基準〉

・同じ条件の団体等を理由なく補助対象から除外しない。

・原則として、各補助金制度の終期を設定しなければならない。

〈透明性に関する基準〉

・補助金交付団体は、会計処理及び補助金の使途を明らかにする必要がある。

・補助事業の効果を検証することができる成果指標の設定を行い、効率性・有効性などについて評価し、公表する必要がある。

〈交付基準の運用に際しての留意点〉

・社会福祉事業とは、社会福祉法第2条に規定するものであり、公益目的事業とは、公益社団法人及び公益財団法人の認定等に関する法律第2条第4号に基づく公益目的事業や特定非営利活動促進法第2条第1項に基づく特定非営利活動などを指す。

・交際費、慶弔費、飲食費、慰労的な研修費、視察旅費、懇親会費等、その他社会通念上公金で賄うことが適切でないものは補助対象としないこと。

・国・県の補助事業ではなく市が単独で補助しているものなどについての補助率は、原則として補助対象経費の1/2とすること。なお、補助率を10/10とする必要があるものは、市が直接事業化できないかを検討すること。

・市は補助金の対象範囲を明確にした上で、補助金の上限を設定すること。

・補助の決定に際しては、団体の決算における繰越金、剰余金が補助金額を超えていないことなど、交付団体の財務状況も検討すること。

・市が出資又は出捐している団体への補助が、そうでない団体への補助と比較し、不当に優遇されることがないようにすること。

②補助金の性質別による分類区分

　これまでの補助金改革における性質別による分類区分（以下「分類区分」という。）を現在の取扱いにあわせて一部変更し、区分「Ｂ」、「Ｄ」及び「Ｅ」を細分化する。また、区分ごとに補助の目的、見直し方法等を定めることとする。

Q5 ▶ 住民サービスのカット

> 住民サービスを削減・カットしようとすると、必ずと言っていいほど、反対する人が出てきます。自治体の財政に余裕があった時代は、ずいぶんと前に過ぎ去り、このまま維持するのは難しいです。こうした抵抗勢力がいて、話しが進まない場合、どうしたらよいのでしょうか。

 ・・・・・・・・・・

　トータルな戦略として説明しなければ、コストカットだけでは住民の理解は進みません。そこで総合計画（実施計画）に示す新しい施策とのセットで行政サービスの見直しを示す必要があります。その場合、財政計画、実施計画、行革計画の三位一体の取り組みとして議会、住民に示すことが大切です。各論で単品勝負をするとかなりの抵抗を受けます。行政サービスの受給者と話をしてもなかなか進みません。行政サービスを受給していない多くの住民の意見をどう汲み上げていくか、その視点が大切です。

　その意味では、行革計画の実行計画を策定する際にはそのプロセスをオープンにして見える化を図っておくことです。住民からのパブリックコメントもとり、議会への説明と意見交換を踏まえ、さらには審議会を設けて外部の学識経験者等の客観的な意見もいただきながら、それぞれのプロセスで見える化を実施して計画づくりをしていく。最後には、どうしても一部反対意見もでますが、多くの住民の方からは支持されるものとなります。時間をかけながらになりますが、このプロセスの見える化と何度も議会、住民と意見交換する姿勢を持つことが大切です。

参考

> 行財政改革後期実行計画（平成30年3月策定）（兵庫県川西市）
> 第1章　行財政改革後期実行計画の策定にあたって

第2章　本市の財政状況

第3章　職員定数管理計画

第4章　重点取組項目及び具体的取組項目

   1　重点取組項目

    (1)　職員人件費の適正化

    (2)　業務の改善・効率化

    (3)　組織力向上をめざした組織再編と人員配置

    (4)　職員の意識改革や政策形成能力の向上

   2　具体的取組項目

    (1)　参画と協働のまちづくりの推進【効果見込額：7百万円】

    (2)　革新し続ける行政経営の推進【効果見込額：1,648百万円】

    (3)　持続可能な財政基盤の確立【効果見込額：306百万円】

    (4)　機動的な組織体制の構築と人材の育成【効果見込額：671百万円】

第3章　公会計

Q1 ▶ 公会計改革

公会計改革が行われ、新地方公会計なるものができましたが、そもそも、この改革の意図や改革の結果、どうなったのか教えていただけますでしょうか。

地方自治体の予算決算の形式を定めるのは、地方自治法です。地方公会計の整備は、予算決算の形式を変えるものではなく、財政情報を開示する際の充実を狙ったもので、予算決算制度の補完的な役割です。

公会計改革は、今までの情報で見えなかった部分を見えるようにして財政を多角的に検証できるようにすることがねらいです。その意味では公会計改革は大きな意義があるものと考えています。

この中で最も意義のあるものは固定資産台帳が整備されたことです。自治体の場合、資産コストに対する意識が希薄で正しく資産の価値を把握することをしてきませんでした。言い換えれば正しく資産コストを把握していなくても行政運営はできていたことになります。一方で、公共施設が老朽化してくると修繕すべきか、更新、廃止すべきかの判断が必要になってきます。その際には、資産コストは極めて重要です。その意味で自治体の予算決算制度で情報に不備があった固定資産の台帳が統一されて整理され、資産の現状が毎年度明らかなったことは、これまでの財務情報に加えて意義のあるものとなっています。

参考

公会計の整備推進のこれまでの経過

平成12年　「地方公共団体の総合的な財政分析に関する調査研究会
　　　　　　報告書」

⇒普通会計バランスシートの作成モデルを公表

平成13年 「地方公共団体の総合的な財政分析に関する調査研究会報告書」

⇒行政コスト計算書、地方公共団体全体のバランスシート作成モデルを公表

平成17年 「地方公共団体の連結バランスシート（試案）について」総務省自治財政局財務調査課長通知

⇒公社・第三セクター等を含めた連結バランスシートの作成モデルを公表

平成18年 「地方公共団体における行政改革の更なる推進のための指針」総務省事務次官通知

⇒5年以内に4表の整備又は4表作成に必要な情報の開示を要請「新地方公会計制度実務研究会報告書」

⇒基準モデル及び総務省方式改定モデルを公表

平成22年 「今後の新地方公会計の推進に関する研究会」を設置

平成25年 「今後の新地方公会計の推進に関する研究会」中間とりまとめ公表

⇒標準的な考え方・方法を示す基準の設定、固定資産台帳の整備、複式簿記の導入の必要性を提示

平成26年 「今後の新地方公会計の推進に関する研究会報告書」

⇒固定資産台帳の整備、複式簿記の導入を前提とした統一的な基準を提示

平成27年 「統一的な基準による地方公会計の整備促進について」総務大臣通知

⇒原則平成29年度までに統一的な基準による財務書類等を作成し、予算編成等に活用するよう要請

平成29年 「地方公会計の活用の促進に関する研究会」を設置

平成30年 「地方公会計の活用の促進に関する研究会報告書」

⇒財務書類作成の注意点、財務書類の見方及び分析方法等を提示

図表３−１ 統一的な基準による地方公会計の整備促進について

地方公共団体における財務書類等の作成に係る統一的な基準を設定することで、①発生主義・複式簿記の導入、②固定資産台帳の整備、③比較可能性の確保を促進する。

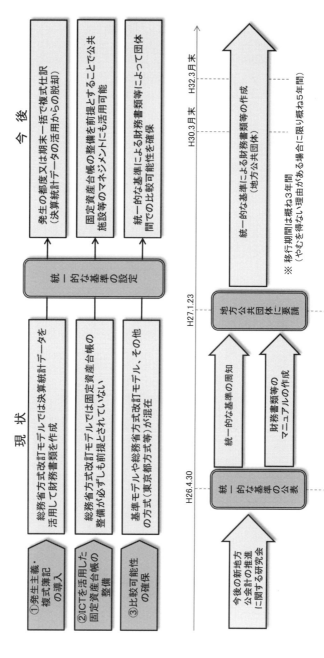

（出所：総務省資料より）

Q2 ▶ 新しい財務諸表の作成

新地方公会計で作成されることとなった財務諸表について、何が何を表すのか、具体的に教えて下さい。

 ・・・・・・・・・

　財務諸表は、次の４つです。貸借対照表、行政コスト計算書、純資産変動計算書、資金収支計算書です。それぞれの目的と関連は次の図表3-2のとおりです。この中でも貸借対照表（バランスシート）は、資産と負債、資本の関係が鳥瞰的に見ることができますので意味があるものとなっています。

図表3－2

2. 財務書類の概要

（1）財務書類の構成と目的

財務書類	目　的
貸借対照表 （バランスシート）	年度末時点における資産や負債といったストック状況の把握のための財務書類
行政コスト計算書	資産形成につながらないコスト面に着目し、行政サービスの提供のために自治体がどのような活動を行ったかを示した財務書類
純資産変動計算書	貸借対照表における純資産の期首から期末への要因別変動を表示する財務書類
資金収支計算書 （キャッシュ・フロー計算書）	年度内における現金の流れの状況を、3つの区分（業務・投資・財務）ごとに表示する財務書類

（2）財務書類の関係

統一的な基準による財務書類の相互関係は下図のとおりです。

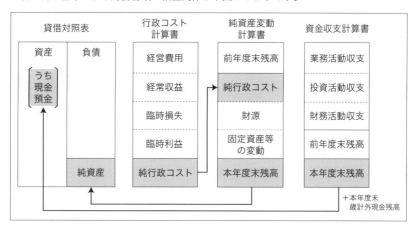

Q3 ▶ 新しい財務諸表と行財政運営

　財務諸表を実際の行財政運営に活かすために必要な視点、考え方について教えて下さい。

　財務諸表は、地方自治法の規定に基づく予算決算制度を鳥瞰的に見る補完的な役割を担っていますので、行財政運営に活かす点はさほど大きくないところです。一方で、この財務諸表を作成する際に　補助簿として作成する固定資産台帳は、自治体が所有するすべての固定資産（道路、公園、学校、公民館等）の数量、取得価格、耐用年数等のデータを網羅的に記載したデータベースであり、この情報が貸借対照表の固定資産の情報となります。自治体の財務は、資産コスト（減価償却費）を費用計上しないものとなっていますので、予算・決算においても固定資産情報はさほど重要視されていませんでした。一方で、人口減少、税収源の環境のもとでは、公共施設の老朽化、更新は自治体経営の大きな課題になってきています。その意味では固定資産のあり様を的確におさえて、公共施設の更新計画や維持補修経費のかけ方などを自治体経営の中で活かすことが必要になります。それにはこの固定資産台帳が重要なデータベースだと言えます。また、自治体の財産の大きな割合を占める固定資産の情報が毎年適切に更新されなければ、財政状況やストック情報の正確性を欠くことになり、全体の財政状況の分析や資産管理、公共施設のマネジメントへの活用も正確に行うことができなくなります。そのため、固定資産台帳の更新は非常に重要な位置づけとなり、この情報を継続して更新していくには、年度末の確認・登録作業を軽減する必要があります。そのためには、固定資産台帳と公有財産台帳情報の一元管理化や資産所管課が支出を行った際に固定資産台帳に直接登録を行うなど、更新手順を体系化し、予め1年間の更新スケジュールを作成し、関係部局と連携して計画的に進めていくことが重要となります。

第4章 公社・第三セクター

Q1 ▶ 債務保証と損失補償

> 土地開発公社が金融機関などから融資を受ける際に、自治体が土地開発公社に対して「債務保証」と「損失補償」をすると聞きましたが、これは何が違うのでしょうか。

　自治体の債務保証行為は、法律により原則できないこととなっていますが、公有地の拡大の推進に関する法律において、土地開発公社の債務について保証できるものとなっています。これが土地開発公社に対する「債務保証」です。これは、土地開発公社が金融機関等に債務履行しない場合に、自治体が返済等の代位弁済を定めた契約のことを指します。

　一方、この法律で規制されているため、同じように債務保証を実質的に行っていると言われているのが「損失補償」です。第三セクターが金融機関から融資を受ける際に、将来に損失が生じたときに穴埋めするという金融機関との契約する内容であり、自治体が将来の債務を被るリスクがある点で留意が必要な事項となっています。

参考

法人に対する政府の財政支援の制限に関する法律

第三条　政府又は地方公共団体は、会社その他の法人の債務については、保証契約をすることができない。ただし、財務大臣（地方公共団体のする保証契約にあつては、総務大臣）の指定する会社その他の法人の債務については、この限りでない。

公有地の拡大の推進に関する法律

第二十五条第一項　地方公共団体は、法人に対する政府の財政援助

の制限に関する法律（昭和二十一年法律第二十四号）第三条の規定にかかわらず、土地開発公社の債務について保証契約をすることができる。

Q2 ▶ 土地開発公社の必要性〜債務保証と損失補償の違い

> 　わが市では、公共施設等整備事業の減少などで、公社を活用した公共用地の取得の必要性がなくなってきています。土地開発公社の存続についてどのように考えれば良いのでしょうか。

　土地開発公社は、公有地の拡大の推進に関する法律に基づいて設立し、用地の先行取得を目的に自治体からの要請で、債務保証契約に基づいた金融機関からの融資を財源に用地の先行取得をするものです。自治体が事業化する段階で公社から自治体が用地を買い戻しします。その際に、公社には債務を残さないことが前提になった用地先行取得の手法です。

　かつては、自治体のインフラ整備の際に頻繁に活用されてきましたが、経済情勢の悪化で地価が下落した際に、多くの公社で自治体が買い戻さない用地（塩漬け用地といわれるもの）を抱え、処分できない用地が問題になりました。公社が地価の高いときに、実勢価格で用地を先行取得したものの、地価下落による大きな差損を抱え、自治体が買い戻しする段階では実勢価格が大きく下落していて、事業化が難しくなるとともに公社の方でも民間市場で売却した場合大きな損失を被ることになります。そのため、自治体が土地開発公社経営健全化計画をたてて、その不良債務の解消に取り組み、現在は、多くの公社が役割を終えて解散に進みました。一方で、公社を解散させるためには、公社の資産と負債の整理が必要であり、資産価格が実勢価格より大きく下回る価値しかない場合、自治体からの税金の投入が余儀なくされます。どこまで許容できるかは自治体による判断になりますが、現在公社を残している団体は同じように解決方法がなく課題を抱えたままになっているのが現状です。

　現在、用地先行をする際には、公社でなくても用地先行取得事業の特別会計を起こして地方債を財源に行う手法が活用されています。その意味でも公社を活用する役割は終えたものと言えます。

Q3 ▶ 第三セクターへの損失補償

第三セクターへの損失補償については、過去にも住民訴訟が起こされるなど、いろいろとやっかいな問題のような気がしています。損失補償が必要な場合やその判断などについて教えて下さい。

第三セクターへの損失補償は、極力避けることが一番です。判例上、違法性があるとまでは言えませんが、内容によってはかなりグレーゾーンにあるものです。参考に記載した平成26年に総務省自治財政局長の通知では損失補償は行うべきではないとされています。したがって、まずは第三セクターが自律的に経営できる手段を考えることが優先されます。経営が自立せず収益を上げる可能性が少ない場合は、政策の大きな方向転換（売却、M＆A、解散、廃業など）を早期に検討することが必要です。

参考

平成26年8月5日

各 都 道 府 県 知 事
各都道府県議会議長
各指定都市市 長
各指定都市議会議長

総務省自治財政局長

第三セクター等の経営健全化等に関する指針の策定について
（抜粋）
(2) 損失補償（債務保証を含む。）

地方公共団体が第三セクター等の債務について行う損失補償（地方道路公社及び土地開発公社に対する債務保証を含む。以下同じ。）は、将来的にはその一部又は全部を負担する可能性を有

するものである。特に、多額の損失補償を行う第三セクター等が経営破たんした場合には、当該地方公共団体は巨額の債務（財政負担）を負うという特別なリスクが存在する。加えて、第三セクター等に対する金融機関等による資金調達面からのガバナンスが希薄となるため、本来は存続困難な事業が存続したり、第三セクター等、地方公共団体、金融機関等の間で適切なリスク分担が行われないなどの問題を有する。このため、地方公共団体が第三セクター等に対して公的支援を行う場合には、債務について損失補償を行うべきではない。これは、既に地方公共団体が損失補償を行っている債務の借換えを行う場合や政府関係機関等が第三セクター等に対して貸付けを行う場合にも同様である。また、既存の損失補償債務についても、地方公共団体は適切な把握及び管理を行うとともに、計画的に削減することが必要である。他の方策による公的支援では対応困難であるなど、真に必要やむを得ず損失補償を行う場合には、あらかじめ損失補償契約の内容、損失補償を行う特別な理由・必要性、対象債務の返済の見通しとその確実性、健全化法の規定に基づき将来負担比率に算入される一般会計等負担見込額、損失補償を行っている債務（財政負担）を当該地方公共団体が負うことになった場合の影響等を記載した調書を調製した上で、議会・住民等に対して明らかにし、理解を得るべきである。

Q4 ▶ 第三セクターの見直し

第三セクターの経営の健全化について、総務省の通知などで求められる中、検討してきましたが、なかなかうまくいきません。第三セクターのあり方について見直すのには何が必要か、お教え下さい。

本気で経営を立て直すのであれば、四つの取組みが必要です。一つは、経営陣の入れ替えです。特に自治体職員OBが経営に参画している場合は、真っ先にそこからメスを入れるべきです。経営の根幹は売上を上げて経費を削減して収益構造を立て直すしか方法はありません。それには厳しい判断が必要ですのでしがらみの多い自治体職員OBではできません。第三セクターが担うマーケットに明るい人材を登用することが大切です。一方で人材登用にお金を惜しまないことも必要です。金額に見合った成果を引き出すことを主眼に置いて大胆に取り組むべきです。二つ目は、経営悪化の要因にメスを入れることです。例えば有利子負債が大きく貸借対照表上の負債が重荷になっている場合は、資産を売却して負債の軽減に取り組むことです。利子を減らすことは損益上かなり効果はあります。三つ目は収益を伸ばす、経費を下げる方法の検討です。多角的な経営をしてきた場合には、売上が上がらない部分から撤退し、売上が上がる部分に戦略を絞って一番効率的な方法を検討することです。また、経費を徹底的に落とします。第三セクターだけに地域のしがらみで雇用や商品調達をしていた点は否めませんが、そこは徹底的に厳しく行わないといけません。社員の給与の削減もその一つです。かなりの抵抗と補償が必要になりますが、厳しい経営判断が必要です。そのためにも一つ目の経営者が頼りです。最後の四つ目が厄介です。一つ目から三つ目の実行には時間が必要です。この時間をどう稼ぐかが最大の課題です。自治体からの期限を切ったつなぎ融資もその一つです。その場合、自治体、議会双方での経営監視の仕組みを入れていく必要があります。

第3編

自治体経営

第1章　総合計画と分野計画

Q1 ▶ 総合計画

総合計画は自治体における行政運営の最上位の計画だと聞いたことがあります。この計画の目的や根拠、役割についてお教え下さい。

　　総合計画は、自治体のあるべき姿と進むべき方向を示すものであり、この計画が行政運営すべての指針となります。総合計画は、概ね図表1－1のようなイメージで組み立てが行われています。

　具体的な施策・事業は総合計画の実施計画のレベルで目標達成に向けて組み立てられることになります。また、基本構想を議会の議決を経ることで首長が行う行政運営に民意の統制をかけることになってきます。予算編成を中心とした政策形成を機能させるためには、自治体の目指すべき都市像、まちづくりのビジョンを明確にした総合計画はなくてはならないものとなります。2011年の地方自治法の改正により市町村基本構想の策定義務付けはなくなりましたが、ほとんどの自治体で基本構想を含む総合計画の策定が条例で規定されている動きをみれば、その重要性はますます高まっているように感じています。

　一方で、基本構想－基本計画－実施計画とブレイクダウンしていく中で、最も行政サービスに近づく実施計画の段階と実際に事業執行する予算との連動が課題でもあります。基本構想－基本計画－実施計画という計画サイドからの政策の組み立てが、予算編成とどうリンクするのか、予算編成は、総合計画（基本構想）のめざす都市像をもっと意識して行わないといけないのではないか、特に、政策の目標を達成するための手段の具体化が予算編成であるという認識を強く持つ必要があると感じています。したがって、予算編成では、予算を要求する側も取りまとめて編成する側も、この部分を意識して取り組めるように、予算要求書、予

算編成資料の中で常に意識してできるようにしていくことが一つのポイントになります。

図表1-1　総合計画の内訳

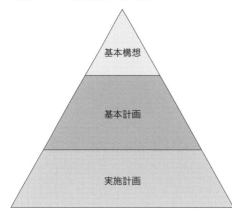

【内訳】
1. めざす都市像
2. ありたいまちの姿 (具体的イメージ)
3. 大切にする考え方 (行動指針)

【内訳】
1. 総合戦略
2. 個別計画基本計画

【内訳】
1. 行政の実施計画

Q2 ▶ 総合計画の策定方法

総合計画といっても、その構成は、基本構想、基本計画、実施計画と分かれています。それぞれ、どのように関連づけて、どのタイミングで作成していけば良いのでしょうか。

　基本構想は、目指すべき都市像、まちづくりのビジョン、将来のありたい姿を描き、住民と行政が共有していくものです。そのため、基本構想の策定には、住民の皆さんから多くの意見徴収と審議会での審議、さらには住民を代表する議会での審査などエネルギーと時間をかけながら進めていきます。この基本構想もめざす都市像だけでは何をどのように具体的に進めていくのかが見えません。そのため、基本構想を具体化する基本計画、そして基本計画を構成する施策を見せることではじめて、こんなまちづくりにチャレンジしていくのかがわかってきます。できれば施策の内容を示す概要を見せることができれば、よりわかりやいものとなります。

　総合計画の基本構想を作成する段階において、基本構想⇒基本計画⇒実施計画（施策）の概要を作成することになります。その際には、施策が何を目標にしているかがわかる代表指標を示して、この施策を実施することでどのレベルを目標にしているかを示すことができればより良いものとなります。例えば、総合計画の期間が10年であれば、達成指標の作成は、10年先の指標、5年先の中間目標の指標と二段階で設定できればと考えています。

　次に、実施計画は、基本計画を実現するために毎年度策定していくことになります。前年度の6月〜10月にかけて、翌年度以降3年間の施策の具体化を図るため、必要な政策・事業を具体的に策定します。施策の目標達成に向けて、行政サービスをどのように展開していくのかを概算の予算額を組み入れて策定します。この実施計画の時点では財政計画と

の連動を図り、実現性を担保していくことができれば、毎年度の予算編成の目安になっていき、より計画とマッチした予算ができるものと考えています。

Q3 ▶ 総合計画とその他の計画の整合性

> 私の市では、総合計画の他、分野別、施策別に多くの計画が存在します。国（省庁）から求められたものから、市独自のものまでさまざまです。計画の策定時期もまちまちです。正直、各計画がバラバラになっている感じもしています。総合計画とその他の計画の整合性を図るには、どのようにすれば良いのでしょうか。

ご指摘の通り、個別計画は多くあります。国の法定計画もあれば、自治体独自で作成している計画もあります。理想でいえば、自治体の最上位計画の総合計画⇒基本計画⇒施策の下に個別計画がブランチしているのがいいと思います。図表1−2がそのイメージです。

また、時期も極力合わせて策定することを目指すべきです。なぜ時期を合わせておいた方がいいかといえば、それは目標とする指標と達成年度を合わせておきたいからです。国の法定計画などで策定年度がずれるものもありますが、できるだけ工夫して年度を合わせる方向に調整するべきです。工夫の仕方はそれぞれですが、個別計画5年計画の3年経過後に総合計画のスタートが来るとした場合は、個別計画の5年計画を策定せず、前計画が終了してからの3年計画の策定にするか、3年間の空白期間を設けるかの選択をします。個別計画に空白期間をもうける場合は、その期間は前計画の趣旨を尊重して継続して取り組むという宣言をしておくことが大切です。そのうえで新計画の策定に入ります。

図表1-2　総合計画（基本構想）と個別計画の連動イメージ

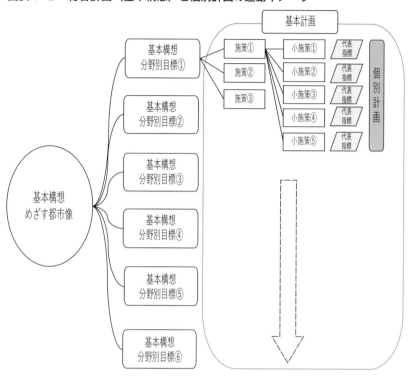

Q4 ▶ 総合計画の行財政運営への活かし方

　　総合計画の内容を毎年度の行財政運営に活かしていくには何に注意すべきでしょうか。また、総合計画策定時にも毎年度の行財政運営に活かすための「しかけ」のようなものを入れておくことはできるのでしょうか。

　　総合計画の内容を毎年度の行財政運営に活かすためのキーポイントは、図表1-2示した基本計画の小施策にぶら下がる代表指標です。この指標の達成を追いかけていくことが、毎年度の政策・事業のパフォーマンスの向上につながるようにしておきたいところです。毎年度の行財政運営を行っていくと、どうしても身近にある事業に目線が行きがちです。もちろん、身近な事業のパフォーマンスを向上させることが目指すまちづくりにつながることになりますが、一方で、現時点でどこまで達成できたのか、大きく乖離しているところはないのかという検証を繰り返しながら改善を図っていくことが必要です。図表1-2の基本計画の中の動きが毎年度はっきり検証することです。そのためには、組織内にPDCAサイクルを回す仕掛けは欠かせないものとなります。

第2章　政策形成

Q1 ▶ 行政評価を機能させる

　　私の市でも自治体における「行政評価ブーム」の影響を受けて、行政評価を導入していますが、その効果が見えにくくなっています。今となっては毎年、シートに記入するルーティーン作業になってしまっています。せっかくの行政評価をうまく機能させるためにはどうしたらよいのでしょうか。

A ・・・・・・・・・

　行政に関する評価手法は多種多様であり、行政評価を一義的に定義づけることは困難です。どちらかと言えば、決算の成果報告書を活用することで、自治体の中で行政評価や事務事業評価としての役割を担わせているといったところが多くなっています。このあたりは自治体のスタンスによる違いです。

　行政評価や事務事業評価が脚光をあびブームになって多くの自治体で評価手法が導入されてきました。評価制度に着目された背景には、右肩上がりの経済成長の終焉から低成長型財政運営への切り替えのなかで、既存の事業を見直さないと財政が行き詰まるといったことを踏まえて、これからの財政運営の切り札としての期待があったところです。結果的に、方法に違いがあるものの、一定の自己評価をするということについては自治体の業務として普及してきたのは事実です。一方で、事業評価、行政評価の導入そのものが目的化してしまい、使い方に明確なビジョンを持たなかった自治体では、その後あまり活用されていない実態も仄聞するところです。特に、財政担当のスタンスが「評価など役にたたない」、「予算査定で事業費を削減する方が効果は大きい」と財政担当のパワーに自信のある自治体では、書棚の片隅に評価書がおかれ、企画担当課の資料の域をでないところもあるようです。

事業評価、行政評価だけで、予算の削減ができるものでないのは明らかですが、一方で、行政サービスの質を高めるためには、決算を踏まえた施策、事業の費用対効果、課題を整理し、次年度に繋げることが必要となります。

　予算編成では、総合的な判断の中の一つの材料として事務事業評価などの内容を活用するのが一般的になっていますが、評価は決して万能薬ではなく、何のためにどのように活用するのかをしっかり押さえておくことが必要です。自治体のめざす都市像、ビジョンがあって、そのための政策、施策をどのようにしようとしているのかを目標と指標の設定によって明らかにし、それに対して毎年度行っていく行政サービスがどれだけ寄与し、改善したのかを自己評価、さらには外部評価を入れて検証し、それを行政サービスの次なる改善につなげていく必要があります。まさしくエビデンスに基づく政策形成につながっていきます。民間企業の売上のような絶対的なメジャーがないなかでは、評価に過剰な期待をよせるのではなく、評価を活用してサービスの向上につなげていくことが大切です。そのためには、検証が的確にできるようにアウトカム指標に活用する住民実感調査などで丁寧に継続して調査していくことが必要です。

　PDCA サイクルをまわすことが行政運営には欠かせなくなっている現状で、組織が一体となって、成果を政策形成に使う仕組みづくりが必要です。特に、Check から Action へつなげる仕掛けが大切です。ここをうまく機能させるためには、実施計画の策定、予算編成、首長との政策協議、サマーレビュー（成果検証）などで評価を積極的に活用していくことをお薦めします。

Q2 ▶ 行政評価の指標作成と継続方法

施策や事業の評価は、客観的で公平でなければならないと思います。言葉やイメージだけで評価するのでは的確な評価がされているかどうか、曖昧になってしまいます。そこで、どういった評価の仕方をしていけば良いのでしょうか。

自己評価する際には、どうしても客観性に欠けるところがでてきますが、そこはそんなもんだといった割り切りも大切で、それに客観性を持たせていく工夫が必要です。著者の所属する兵庫県川西市でもその点に悩みながら継続した改善に取り組んできています。川西市の評価は、図表2-1ように施策別行政サービスの評価と事業別行政サービスの評価の二段階評価を採用しています。施策別行政サービスは住民実感調査などからのアウトカム指標中心に、一方、事業別行政サービスは何をどれだけ行ったかというアウトプット指標をエビデンスに評価をしています。事業別行政サービスの自己評価のところが図表2-3です。これは令和３年度決算成果報告書の担当部長の自己評価です。この評価を作成する段階で、首長が各部長からヒアリングを行い、考え方のすり合わせを行っています。そして議会に提出し意見をいただきます。さらに、外部

図表2-1　二段階評価の試（兵庫県川西市）

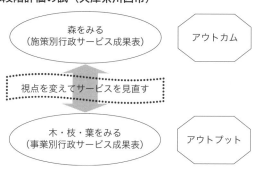

委員で構成する行財政審議会の方に全事業見直しの諮問を行い、その際にこの事業評価のところを複数年見てもらって事業評価を踏まえた事業に対する意見をいただいています。要するに自己評価に客観性を補強している取り組みです。

図表2-2　評価の例

<細事業2>	健幸マイレージ等推進事業		細事業事業費(千円)	74,821
(1) 参画と協働の主な手法(実績)	団体等との共催・連携		講座・フォーラム	

(2) R3年度の取組と成果

主な取組

①成果連動型の手法で、健幸マイレージ事業を実施(委託料の費用等)…74,799千円

1. 市民の健康づくりや運動習慣の定着を図るため健幸マイレージ事業や、さんたくん健幸体操の普及啓発を行った。

健幸マイレージ　参加の流れ

推奨歩数以上 歩く／運動の行事などに 参加する／BMIや筋肉率が 改善する／健(検)診を 受ける　など
→ 健幸ポイントが 貯まる
→ 商品券に 交換
【地域健幸応援金】参加者が歩いた歩数により居住地のコミュニティ組織に地域健幸応援金を交付

健幸マイレージKPI(評価指標)実績値
川西市

		目標	2018	2019	2020	2021
参加者数	新規参加者の目標達成率	90%以上	92%	107%	113%	113.3%／1133人/1000人
	継続参加者の目標達成率	90%以上	94%	98%	94%	79.0%／3603人/4558人
	新規参加者のうち75歳以上の割合	15%以上				16.9%／169人/1000人
運動不足分層	新規参加者のうち運動不足分層の割合	60%以上	77%	75%	80%	85.8%／828人/965人
継続率	直近3ヶ月間で歩数データをアップロードしている割合	85%以上	84%	73%	71%	79.3%／3756人/4736人
歩数の変化①	【新規参加者】運動不足分層のうち、推奨歩数達成or1,500歩以上増加者の割合	60%以上	56%	49%	67%	69.3%／518人/748人
歩数の変化②	【継続参加者】当月の推奨歩数以上の割合	55%以上	48%	43%	42%	39.2%／1331人/3397人
KPI総合達成度			103%	100%	105%	103.8%

新規参加者はどの年代も参加開始3か月後の歩数が増加。そのうち運動不足分層の歩数は参加開始3か月後に2,439歩/日増加。

(出所:川西市HPより)

図表2-3 行政サービスの自己評価

5. 担当部長によるR3年度事業成果の自己評価及び後期基本計画の総括を含めた今後の方向性

R3年度事業成果の自己評価	有効性	効率性	左記（自己評価）の具体的説明
大きく向上した。			・前年度に引き続き新型コロナウイルス感染症の影響で中止せざるを得ない行事があった。 ・健幸マイレージ事業は、R2年度に引き続き新規募集をWebや郵送申し込みとし、説明会を動画配信するなど、参加しやすい環境を整え、申し込み者が定員の1.5倍となった。
向上した。		○	
前年度の水準に留まった。	○		
前年度の水準を下回った。			

事業の課題	後期基本計画期間を振り返った上での令和4年度以降の方向性
・ウィズコロナにおける行事等の継続・再開をすすめていく必要がある。 ・より多くの市民が健康づくりに取り組み、運動習慣化できるよう継続的な働きかけを行う必要がある。	【後期基本計画の総括】 新型コロナウイルス感染症の影響下でも健康づくりの推進に継続して取り組んだ結果、健康づくりに意識的に取り組んでいる市民の割合が毎年同等の割合を維持している。 【令和4年度以降の方向性】 健幸マイレージ事業については、持続可能な仕組みが構築できなかったため令和4年度で終了する。 今後の健康施策については、地域で活動している団体やグループなどの利用促進による個々の健康づくりの推進について検討していく。

（出所：川西市HPより）

Q3 ▶ 企画部門、財政部門、人事部門の政策担当部局の連携

複雑・多様化する住民のニーズや国からの要請に対応するためには、企画・財政・人事がバラバラに動いていては、なかなかうまくいかないと感じています。こうした組織が風通し良く情報を共有したり、うまく連携したりするにはどうしたらよいのでしょうか。

まずは情報を共有することが大切です。通常よくあるパターンですが図表2-4のように企画部局と財政部局の連携がうまくいかない場合があります。これに人事部門が別にあって連携がうまくいかないと人・物・金の資源の最適配分に課題を残します。最終的には人の問題もでてきますが、組織のあり方、連携できる仕組みの構築が必要です。

行政サービスにPDCAサイクルが機能しない点を克服しなければ、立派なシステムを導入しても結局は旧態依然とした政策形成になってしまいます。そのためには、庁内組織体制を再構築することが必要です。先進的な改革を進めている自治体をみると次の①②の取り組みが行われています。

① 企画部局・財政部局・総務部局（人事）の連携強化

② 現場能力を発揮させる組織への再構築

企画、財政、人事部局の連携も重要ですが、サービスの前線である事業部局との情報の共有をしていくことで、結果的に企画部局と財政部局、さらには人事部局との連携強化は図られていくものと思います。情報共有のポイントは情報の見える化です。現場担当部局も含めてできるだけ情報は見える化していくと組織内に変化がでてきます。

図表 2 - 4 企画部局と財政部局の連携に伴う課題

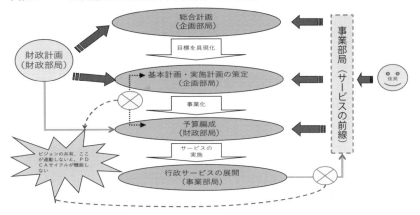

Q4 ▶ 行政評価の事務量が膨大

　　毎年度、全ての事業について行政評価を行い、シートに記入しています。この事務量は膨大ですが、あまりその結果が行財政運営に活かされていないと感じています。少しでも役に立てば良いと思っているのですが、何か良い方法はあるのでしょうか。

　行政評価・事務事業評価を毎年度行なわれる必須の業務にするためには、現場部門が評価を継続して自分たちの事業の検証のために行うという職場風土作りが必要です。そのために、最も大切なのは、現場部門が作成した評価を首長が活用しているという仕組み、あわせて、この評価書を企画部局と財政部局が議論の中心においているという情報、これが現場部門の意識を変えていきます。そのためには、評価書作成要領は現場目線で現場部門が日常の業務の中で行えるように定型的で簡単なものにすることです。難しいデータの取り込みが必要なところは企画部門、財政部門が支援してあげて、評価書の作成をアシストしてあげるといいでしょう。

Q5 ▶ 事業コストを正確に把握して費用対効果を測る

「最少の経費で最大の効果」だとか VFM だとかよく言われますが、そもそもコストを正確に把握する必要があると思います。その上で効果を測定するのだと思うのですが、具体的にはどうすれば良いのでしょうか。

　費用対効果の最も大切なところは、フルコスト把握です。フルコスト把握で難しい部分は、人件費と減価償却費の取り扱いです。

　人件費は、モデル人件費方式、リアル人件費方式のどちらを採用するかですが、作業量と経年比較の容易さから前者を推奨します。ただその前提となる職員数の事業ごとへの割り振りをどうするかです。データベース上での割り振りルールを作成しておく必要があります。一つは管理職の人件費の取り扱い、二つは一人で二つ以上の事業をしている場合のウェイト付けです。このルールを組織内で作成してデータ管理することが必要です。

　一方、減価償却費は公会計改革の中で資産台帳を作成しましたので、事業ごとにデータリンクを行えば容易にできるようになりました。

図表2-5　行政サービス成果表におけるコスト計上について

○**各施策別、事業別行政サービス成果表での職員人件費・減価償却費の計上について**

＜人件費について＞

・人件費は正・再任用職員平均人件費×職員数＋会計年度任用職員人件費で算出しています。

　（一般会計における平均人件費：職員8,147千円、再任用職員4,644千円とし、職員共済組合負担金と退職手当組合負担金を含む）

※会計年度任用職員人件費について

　令和2年4月1日より臨時・非常勤職員の勤務条件等の見直しのため会計年度任用職員制度が導入され、嘱託職員、臨時職員のほぼ全ての職員が会計年度任用職員に移行しました。

　これに伴い、これまで事業費に含まれていた嘱託職員、臨時職員に係る人件費を事業費から除き、人件費に計上しています。

　そのため、事業別行政サービス成果表の「4.事業目的達成のための手段と成果」で掲載している細事業事業費には、会計年度任用職員人件費を含んでいません。

＜減価償却費について＞

・行政サービスの「成果」と「コスト」の対応関係をより明確に示すため、平成30年度決算成果報告書より「公債費」を「減価償却費」に変更しています。

（出所：兵庫県川西市令和3年度決算成果報告書より）

Q6 ▶ 政治案件への対処

議会（議員）から毎年を多くの要望を受けます。首長にダイレクトに要望するものもあれば、事業担当課を通じて要望してくるものもあります。首長と直接話をして決められて困ることもあれば、事業担当課で持ちこたえられなくなって財政部局に予算要望されるものもでてきます。多様な政治案件はどう捌いたらいいのでしょうか。

議会の要望も民意の一つだという意識を持つことが大切です。長らく自治体で仕事をしていると経験値や先入観で自己基準を作ってしまいます。間違っているわけではありませんが門前払いして要望に真摯に向き合う姿勢がなくなってしまうことは避けなければなりません。首長を応援する与党と呼ばれる議員の要望と反対する野党と呼ばれる議員の要望を線引きして取り扱うことなどはよくある話です。首長をサポートして政策形成をしていくことを念頭に置けばある意味正しい選択です。一方で、首長は住民の満足度を高めるために行政サービスの質的向上を常に図っていく責務がありますので、与党、野党を問わずに議員要望に真摯に耳を傾ける姿勢も必要になります。首長の政策形成をサポートする職員は、まずは、議員の政策要望について先入観を捨てて、今後の財政負担、サービスの効果性などを客観的に分析し検討をすることです。その効果がどれだけ住民福祉の向上に寄与するものか、財政負担が将来の財政運営に影響をあたえるかを検証していくことが大切です。そのうえで、首長の政治スタンスとすでに同じ方向を向いている案件で、政策効果が期待できるのであれば、議員要望を受けて検討した形にするのも一つの方法です。これは首長と議員が win-win になる形です。逆に、首長の政策方針と相反する内容の政策で、政策効果が薄いものであれば、そこは明確に採択しないという判断を示すことが必要です。ただし、気を付けないといけない点は、総合計画に則した事業であって、政策効果も一

定期待できるものである場合にどう判断するかです。首長の優先順位が下位にあり不採択もしくは先送りにするにしても、もうしばらく政策のあり方を継続して検討するといった判断を示して不採択することも必要になってきます。繰り返しますが大事なことは議員要望に対して真摯に向き合っていく姿勢です。

Q7 ▶ 首長マニフェスト（選挙公約）はどのように取り扱うのか

新しい首長が、首長選挙の時に、子どもの医療費無償化や公立中学の給食の無償化など、新たな財源が必要なマニフェストを掲げて当選したため、財政課としてはどう対応したら良いか悩んでいます。他にも、既存の総合計画と異なる政策も掲げられており、ここはどうすり合わせれば良いのでしょうか。

　結論から言いますと、首長マニュフェストに沿った事業ができるように最大限の努力が必要です。ストレスが溜まることもありますがこれが民主主義政治です。民意が首長の施策を選んだという考え方を持つ必要があります。ただし、財源がない場合にどうするかです。その時は、まず財政計画を示して自治体がおかれている現状を丁寧に説明します。首長も知らなかった点はすぐに理解すると思います。その上にたって4年間でするべき施策のプライオリティを判断してもらえると思いますのでそこをサポートすることができればと思います。一方で既存の総合計画と異なる施策は、議会が認めないものとなります。どうしても行うなら総合計画を改定する動きに入る必要があります。ただし、議会側の議員構成にもよりますがかなり難航する可能性があります。ここも財源と一緒で首長のプライオリティだと思います。

第3章　指定管理と PFI

Q1 ▶ 直営から指定管理者制度への移行

　　ある施設の運営を直営から指定管理者にすることが決まりました。どのようなことに気をつけて事務手続などを行っていけば良いでしょうか。

　まず、指定管理者への要求水準を決めることからスタートです。直営の時の業務内容をベースにどの部分を的確にやってもらい、どの部分を指定管理者に自由度をもってやってもらうかを決めていきます。そのうえで指定管理者の募集要項を作成していきます。できれば事前に、民間市場で請け負っている複数の事業者から内容やコストのヒアリングができれば参考になります。民間市場の動向をキャッチできればその内容をもとに指定管理期間とコストを積算し、募集要項を完成させていきます。募集要項が完成すれば、指定管理者選考委員会を発足させて選考の準備に入ります。まずは審査委員の選任です。複数人で奇数の委員を選任します。専門的な施設ならその施設の運用に詳しい外部の委員、施設の分野に詳しい学識経験者の委員、法人の財務監査ができる外部の公認会計士もしくは税理士の委員を選任して選考の準備を進めていきます。大切な部分は、選考の際に使用する採点基準です。採点基準は定性的評価（サービス内容）と定量的評価（コスト）の割合です。50対50であればサービス内容とコスト競争の双方が働きますが、サービス内容を優先したい場合は定性点の配点割合を上げていきます。ただし、あまり上げすぎるとコスト度外視になってしまいます。定性点重視で割合を60％から70％に引き上げると事業者がサービス水準を競う形で応募が活性化します。そのあたりのさじ加減は施設の状況（自由度が高いかどうか）を見極めるといいでしょう。後は募集を受けて審査委員会で審査をしても

らって事業者を内定させます。その際には採点結果を公表することが前提になりますので、審査委員会の運営は厳正かつ的確に行う必要があります。事業者が内定すれば議会に議案を提案して決定していきます。事業者が決定すると基本協定書（複数年）と年度協定書を締結し、指定管理者による運営をスタートさせます。その際に重要なのは運営モニタリングの制度（セルフモニタリングと報告、自治体の調査権限など）を協定書の中に盛り込んでおくことです。当然最初の要求水準にも盛り込んでおいて、最終の協定書で確実に実行を求めます。概ねこのような方法で指定管理者制度に移行していくことになります。

Q2 ▶ PFI 事業の導入

PFI 事業を検討しています。何を準備して何を整備しておけば良いのでしょうか。

PFI 事業は図表 3−1 ように進めていきます。最初に、図表の①の導入基本方針で PFI 手法をどのような目的で、何を大切に進めていくのかを決定します。これはかなり大切な部分です。特に、事業者募集の段階のおける地元事業者への配慮などが自治体に求められます。自治体を取り巻く環境への対応をしっかりと方針に盛り込むことで、PFI 事業に取り組む市の姿勢を内外に示すことになります。

次に、どの事業を PFI で実施するかを選定しなければなりません。②事業の提案は、自治体内部で整備を決定する際には、すべての公共事業にチャンスがあります。ただし、留意しなければならない点は、整備する事業が PFI 手法を活用するマーケット環境にあるかどうかです。ポイントの一つは、事業費のロット感です。事業内容によりますが、著者の経験則でいえば概ね10億円以上のロット感が必要だと思います。小さなロットでは、無理せず従来手法を使う方がいい場合もあります。要するに、PFI 手法は一定の事業規模がある中で事業者の競争環境がある場合にメリットが発生します。もう一つのポイントは、事業にどれだけ自由度があるかです。特に、運営面での自由度がある場合には、行政サービスの質を上げることにつながりますので PFI 事業に適していると言えます。つまり、VFM（Value for Money）が最大化する可能性が高い場合に PFI 事業を選択します。その判断は、③の導入可能性調査を綿密に行えば判断できます。特に、参入を希望する事業者からサウンディング調査をしっかり行えば、ある程度、マーケット状況はつかめます。その時に競争環境やマーケットが存在しない場合、もしくは限りなく小さい場合は、PFI 事業に踏み込まない判断をすることが大切です。

一方で導入可能性調査にもコストとして500万円から1000万円ほどかかります。VFM は LCC（Life Cycle Cost）とPSC（Public Sector Comparator）＝従来コストと比較して現在価値で算出しますが、LCC にはこの導入可能性調査のコストも含めて算出し比較していいと思います。コンサル費用を含めて VFM が出れば GO サインです。事業の自由度を上げることによって還元される住民サービスの質的向上は定性的評価になり、これは VFM に入りませんので、この部分は VFM にプラスされる部分という理解です。したがって VFM が「出ていれば OK」ということになります。仮に、VFM が出ない、もしくは小さい場合には、導入可能性調査のコストを無駄とは思わず勇気をもって撤退しましょう。

　将来の長い期間の運営を考えた場合のリスクを小さくする意味でも大切な判断です。実はこの VFM はコンサルに委託して算出しますので、アバウトな部分があります。したがって、マーケットでのサウンディング調査や事業の自由度に対するマーケットの反応などよく吟味して決断することをお薦めします。

図表3−1 地方自治体におけるPFI事業の進め方

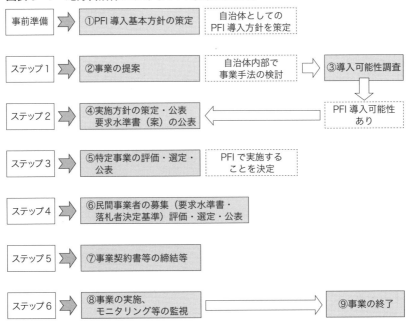

川西市PFI導入基本指針

(平成24年6月策定)

○基本目標

　民間事業者のノウハウを最大限活用し、市民サービスの価値向上と財政負担の削減・平準化を同時達成することで、市の行政課題を効果的に解決する

○導入にあたって配慮すべき重要な視点

　①市の重点施策の価値向上

　②財政収支計画との整合

　③導入に向けての十分な体制

　④地元企業への配慮を検討

　⑤サービスの質の確保

　⑥情報公開

Q3 ▶ PFI 事業の選択

民間との連携には色々なものがあります。外部委託だったり、指定管理者制度などもありますが、それらの中で PFI を選択する際の決め手や留意点などがあればお教え下さい。

PFI 事業は、公共施設の設計、整備、運営までを一括で行うものとなります。運営の部分だけを切り出せば外部委託や指定管理者制度と同じになりますが施設運営を前提に施設整備を行うことで LCC を低下させる点で PFI 手法は大変魅力で効果的です。PFI 手法で施設を整備した後、運営する際には指定管理者として運営に当たることになりますが、運営の際の自由度を民間事業者にどこまで与えることができるかです。自由度＝民間活力を使う点、ここがポイントです。

一方で日本の PFI 事業にはまだまだ未成熟な点も多くあります。まとめると次の図表3-2、3-3のようになります。

図表 3 – 2　PFI の現状と自治体の抱える課題（その 1 ）

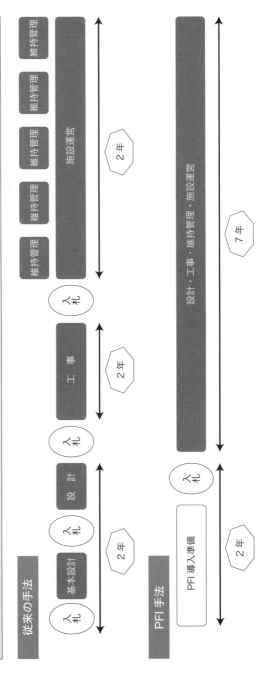

★PFI 法の基本理念（PFI 法）

　地方公共団体と民間事業者が責任分担の明確化を図りつつ、収益性を確保するとともに、地方公共団体の民間事業者に対する関与を必要最小限にすることにより民間事業者の有する技術及び経営資源、その創意工夫等が十分に発揮され、低廉かつ良好なサービスが国民に提案されることでなければならない。

　所謂、官と民が win-win の関係を構築するために最適なリスク配分モデルを設計し、事業全体の事業リスクを抑え込むことで、施設が生み出す事業価値の最大化をめざすものである。これには、契約期間全体から LCC を考えた運営が重要になる。

従来の手法

入札　基本設計

2 年

入札　設計

2 年

入札　工事

2 年

入札

維持管理　維持管理　維持管理　維持管理　維持管理　維持管理

施設運営

2 年

PFI 手法

PFI 導入準備

入札

2 年

設計・工事・維持管理・施設運営

7 年

図表3-3 PFIの現状と自治体の抱える課題（その2）

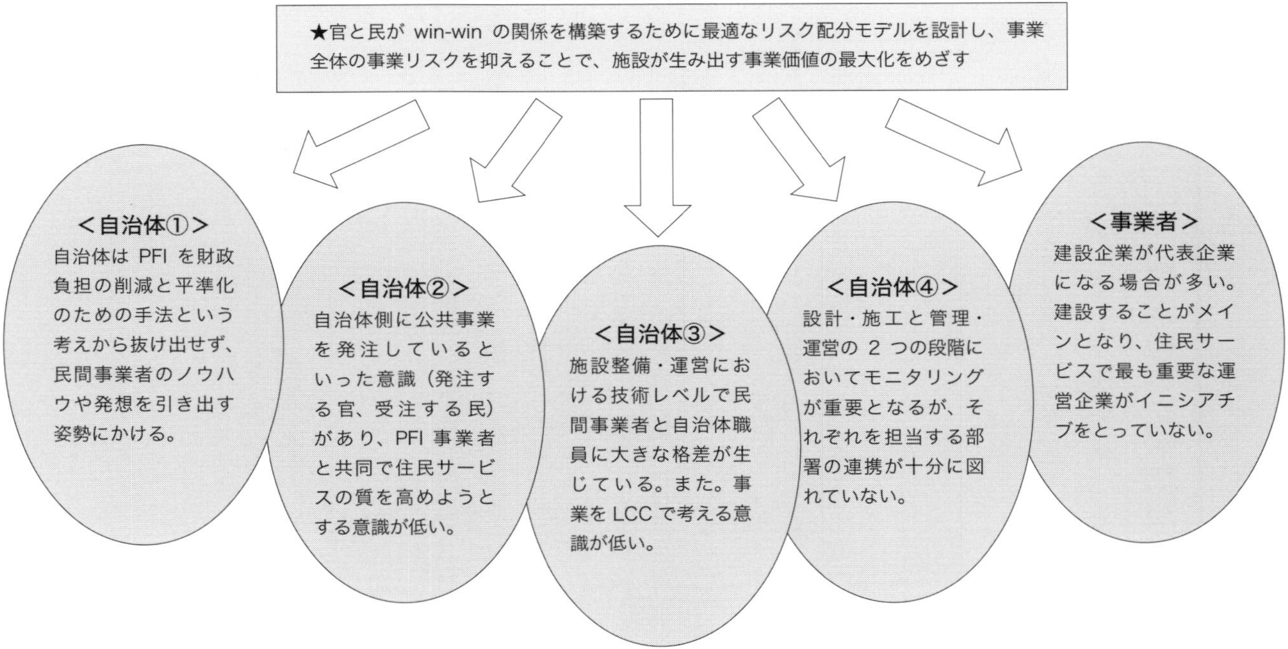

★官と民がwin-winの関係を構築するために最適なリスク配分モデルを設計し、事業全体の事業リスクを抑えることで、施設が生み出す事業価値の最大化をめざす

＜自治体①＞
自治体はPFIを財政負担の削減と平準化のための手法という考えから抜け出せず、民間事業者のノウハウや発想を引き出す姿勢にかける。

＜自治体②＞
自治体側に公共事業を発注しているといった意識（発注する官、受注する民）があり、PFI事業者と共同で住民サービスの質を高めようとする意識が低い。

＜自治体③＞
施設整備・運営において事業者と自治体職員に大きな格差が生じている。また、事業をLCCで考える意識が低い。

＜自治体④＞
設計・施工と管理・運営の2つの段階においてモニタリングが重要となるが、それぞれを担当する部署の連携が十分に図れていない。

＜事業者＞
建設企業が代表企業になる場合が多い。建設することがメインとなり、住民サービスで最も重要な運営企業がイニシアチブをとっていない。

第4章　人事

Q1 ▶ 人材の適材適所への配置

　　自治体では定期的に人事異動があります。職員の資質を考慮し、適材適所に配置するには、どのようなことに留意すれば良いのでしょうか。

　人事異動は、現場をよく知る現場の責任者が適材適所に配置することが基本原則だと思っています。人事課がひとまとめにして定期異動で人事を動かすには限界があるとも思いますので、部局配置で現場の責任者が流動的に配置できる仕組みが必要ではないかと考えます。そのためには、組織内に人事評価制度を機能させて、職員自身の目標設定、達成度を上司と共有し、自分の仕事観、望む職場機能、そこで何をしていくのかを明確にさせ、チャレンジさせることが必要で、このような人事異動ができれば組織力はあがります。一方で、どうしても能力を発揮できず、組織内での人間関係に苦しんでいる職員もいるもの事実です。バランスが必要でその調整は人事課の業務だと考えています。

Q2 ▶ 財政運営・自治体経営に精通したスーパー公務員が欲しい

財政運営や自治体経営に精通した、「スーパー公務員」を採用したい、または育てていきたいのですが、そのようなことは可能なのでしょうか。

　団体規模によりますが、組織が大きくなれば財政運営や自治体経営に精通した人材育成はかなり難しいのではと思います。小規模の団体なら、守備範囲を広くなる関係で様々なことに関与し精通する職員が出てくる可能性もありますが、一方でなかなか異動させることができずに属人的な業務になる可能性もあります。したがって、スーパー公務員を育成する方法より、組織としてカバーできるようにするべきだと考えます。例えば、情報が組織内で共有されていて、住民にもその情報が見える化されている。また、組織内に目指す目標が軸としてあり、施策・事業を評価する仕組みがあって PDCA サイクルが回る仕組みを持った組織にできるなら、ベテランメンバーが人事異動で抜けても組織として機能するのではないかと思っています。あえて言えば属人的な組織より誰もが政策立案にかかわることができ、財政運営や自治体経営にかかわることができる方が魅力的で効果が上がる組織になるのではと期待しています。

Q3 ▶ 職員定数の決め方と人事配置の連動

　　自治体では職員の数に仕事ごとに上限があるのでしょうか。正規職員数は減り続けていますが、どのように配置すれば良いのでしょうか。また、会計年度任用職員で補わなければ仕事が回らない部署もありますが、こうした人員構成は適正といえるのでしょうか。

　　自治体の正規職員員は、団体ごとに定数条例を規定していますので上限はあるものと推測します。正規職員と会計年度任用職員の割合は正規職員の数が50％を切っている団体も多くなってきています。そこは、人員構成の問題ではなく、事業をどのように運営するかがポイントです。事業が現在の人員構成でパフォーマンスを落とさないのであれば何も問題はないと思っていますし、仮に、正規職員を増やしてコストが上がった場合に行政サービスのパフォーマンスが上昇するかどうかを見極めていく必要があります。仕事が回らないのであればそれが一時的なものか、業務の改善の余地はないのかを検証するのが先で、現状を改善しない部署に人員を増強してもさほど効果が上がらないのを経験上感じています。

　　DXが進んでいく先には、公務労働の中でマンパワーを担う業務はさらに変容することが予想されます。住民課の窓口も縮小され、証明書発行業務は消えるかもしれません。単純労働はシステムで対応し、職員はその分、政策立案、地域住民との調整や計画づくりに特化していくのではないかと考えています。

Q4▶ これからの職員採用と人材育成

> 新卒中心の採用を行ってきていますが、年齢構成を考えたときに、中途採用なども増やしていった方が良いのではとも考えております。また、採用した職員を育てていくにはどのような研修を行い、どういった職場を経験させていけば良いでしょうか。

　これまでの人事採用、人材育成では限界がくると考えています。組織としてきちっとした人事戦略を持つことを推奨します。DX が進み、働き方改革が進んでいくと、これまでの新卒採用から終身雇用を前提とした体制では対応できなくなります。また、業務が高度化、デジタル化が進んでいく中で人材を育成するには、これまでの自治体の研修手法では限界が来ます。つまり、職員の経験則を伝える研修や階層別研修という従来のやり方では対応ができなくなってきています。

　中途採用という言い方ではなくキャリア採用という方がふさわしいと思いますが、民間企業で一定のキャリアを持った人を採用することは有効な手段になると思います。一方ですべてをキャリア採用にするのではなく、年齢構成を考慮して一定数の新卒採用とキャリア採用を同時に行っていくことも必要だと考えています。キャリア採用をすることは、一緒に仕事をするメンバーに刺激を与え、自治体内の活性化に寄与します。それと併せて、専門職して任期付き採用も増やしていくことも必要になります。その場合、どんな研修をすればいいのか、そのようなメンバーは自己啓発意欲を強く持っているので、それを側面支援する方法を取り入れていくことが必要だと思います。

★自治体力強化には人事戦略が必要

● 人口減少社会＝人・物・金が縮小する時代、この時代に対応するには、自治体は、人材育成方針だけを考えるのではなく、どんな人材を採用するか、どのようにその人材を活用するかも含めた自治体のトータルな人材戦略が必要。

● 人材戦略には、三つが必要。一つは採用戦略、二つには育成戦略、三つには活用戦略です。三つの戦略を立てることが自治体力を強化し、難しい時代を乗り切るためのパワーになってくる。

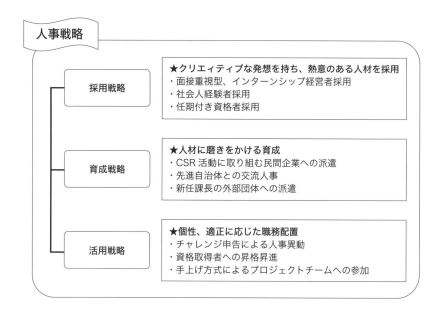

人事戦略

採用戦略
★クリエィティブな発想を持ち、熱意のある人材を採用
・面接重視型、インターンシップ経営者採用
・社会人経験者採用
・任期付き資格者採用

育成戦略
★人材に磨きをかける育成
・CSR活動に取り組む民間企業への派遣
・先進自治体との交流人事
・新任課長の外部団体への派遣

活用戦略
★個性、適正に応じた職務配置
・チャレンジ申告による人事異動
・資格取得者への昇格昇進
・手上げ方式によるプロジェクトチームへの参加

Q5 ▶ 採用方法の見直し

　私の自治体では、採用試験の成績重視で新卒を採用してきました。多様性が求められる時代において、こうした方法だけでの採用でも良いのか疑問に思っていますが、何か良い方法はありますでしょうか。

　人口減少社会を迎え資源制約が厳しくなる中での行政経営には、職員のレベルアップはとても重要な経営要素になります。一方で、多様化する住民ニーズに的確に対応するためには、これまで自治体職員に求めてきた法制度を正しく理解して的確にサービスを実施する能力に合わせて、クリエィティブな発想を持って新しい政策を考え課題を突破しようとするチャレンジングな人材が必要になっています。

　また、近年の就職環境も変わってきています。大学卒業後就職して定年まで勤めることが主流であった時代から転職をして自分の価値を高めることを希望する人が増えています。自治体にとっては厳しい経済環境の中で自己の価値を高める努力をして企業や法人の持続的発展に貢献してきた人材はとても魅力的です。一方で、ワークライフバランスをうまくとれる仕事環境も重要で、職住近接でワークライフバランスがうまくとれる環境のもとで自分の能力を発揮してみたいという人も増えています。この双方のニーズをうまくマッチする採用戦略がとれれば、いい人材を確保して自治体力を高めることができると考えています。

　採用方法の見直しには、二つの視点が必要だと考えます。

　一つは、企業や法人で頑張ってきた有能な人材を的確に採用する方法、これは就職を希望する人が受験しやすい方法は何かを検討することです。著者の兵庫県川西市では令和4年度からキャリア採用として一定の期間企業や法人で継続勤務をしてきた実績を条件に筆記試験なし、エントリーシート、アピールシートに基づく面接での採用試験を実施していま

す。面接でこれまでの企業や法人での経験、応募者のキャリア、自治体で活かせることを聞いたうえで採用しています。また、採用時期は、現職で働く人が転職しやすいように10月を中心に11月、12月でも受験者の希望に応じて弾力的に採用できるように工夫しています。一方で、自治体内における職員の年齢構成も大切ですので、大卒新規4月採用分とバランスを取りながらの採用を組み合わせています。このようにすると採用は自然と通年採用になってきます。

　二つには、このように多様な人材が入ってきた組織でどのように処遇して人材育成をしていくかです。実はこの部分を組織としてしっかりと再構築しないと受験者から選んでもらえなくなります。それには、これまでの4月一括職員採用をベースにした給与体系、階層別研修、管理職試験などの見直しが必要です。年功賃金制度から能力や実績に応じた給与システムへの再構築、これには人事評価システムを機能させる必要があります。また、研修も一定の経験年数と階層を対象にした集合研修から必要となる能力を自己啓発で高める職員や新たに資格取得を希望する職員を支援する仕組みづくりが必要です。

　この二つをセットにした採用方法の見直しが必要です。これも自治体における行財政改革の重要なテーマになります。

著者紹介

松木　茂弘（まつき　しげひろ）

1959年生まれ。
兵庫県川西市副市長
川西都市開発株式会社代表取締役社長
一般財団法人川西市まちづくり公社理事長
関西学院大学人間福祉学部非常勤講師（財政社会学、財政と社会
保障、自治体経営論）
（経歴）
1983年4月　川西市役所に入所　2004年4月　企画財政課財政課
長。2008年4月　企画財政部参事兼財政課長。2011年4月　総合
政策部財政室長。2012年4月　理事（総合政策部担当）。2013年4
月　理事兼公共施設再配置推進室長。2015年4月　総合政策部長。
2020年4月　副市長

（学歴）
1983年3月　神戸大学経営学部卒業。1998年3月　関西学院大学
大学院経済学研究科博士課程前期課程修了　経済学修士
（学会）
1998年〜　日本地方財政学会
（著書）
「自治体財政の効率化」日本地方財政学会編『地方財政改革の国際
動向』（勁草書房、1999年）
「自治体の予算改革への挑戦」経済学論究　1999年3月（関西学院
大学経済学部研究会）
「枠予算の活用と政策形成システム」産研論集　2006年2月（関西
学院大学産業研究所）
『自治体財務の12か月』（学陽書房、2010年）
『実務から読み解く　地方財政入門』（共編著）（学陽書房、2013年）
『一般財源の縮小時代に機能する　自治体予算編成の実務 』（学陽
書房、2017年）
『自治体財務の12か月　第1次改訂版』（学陽書房、2018年）
『人口減少時代に打ち克つ！　自治体生存戦略』（学陽書房、2020年）

自治体財政 Q&A なんでも質問室
──制度や法だけではわからない財政の基本から財政運営、自治体経営の悩みに答える

2023年11月22日　初版発行

著　者　松木　茂弘

発行者　佐久間重嘉

発行所　学 陽 書 房

〒102-0072　東京都千代田区飯田橋1-9-3
営業部／電話　03-3261-1111　FAX　03-5211-3300
編集部／電話　03-3261-1112
http://www.gakuyo.co.jp/

装幀／佐藤博
DTP制作・印刷／精文堂印刷
製本／東京美術紙工